U0120033
華志文化

華志文化

人術全集版

看透人心

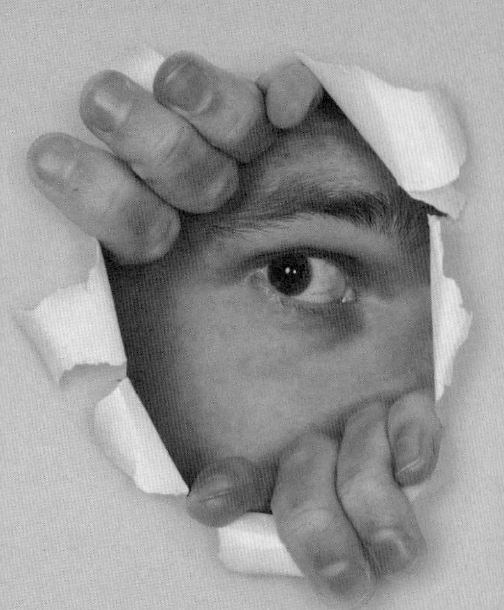

徹底辨別偽裝下的面具

只要善於觀察，
看透人心其實很簡單。

外貌、言談、
穿著打扮、興趣愛好、
生活習慣、行為舉止、
職場觀察等多角度、深層次、挖掘隱藏在人們內心深處的祕密。

程立剛◎著

世間最善良的是人心，最險惡的也是人心；
摸不定的是人心，最變幻莫測的也是人心；
所謂：畫龍畫虎難畫骨，知人知面不知心。

何事都有「百密一疏，千慮一失」，只要對方有想法、企圖、動機，在其眼神、作、語言等都會有相應的表現出來，俗語說：「知己知彼，百戰不殆」所以，看、識人原來也這麼簡單。

自古而今，無數人感歎「識人難，識人心更難。」的確，人世間最善良的是人心，最險惡的也是人心；最捉摸不定的是人心，最變幻莫測的也要屬人心。真所謂：「畫龍畫虎難畫骨，知人知面不知心。所以，如何能夠快速地識別人心，在瞬息萬變的今天尤為重要。」

我們生活在社會的大舞台上，每個人都扮演著不同的角色，但由於每個人的思維信仰、生活習慣、脾氣秉性、生活閱歷等的不同，再加上其行為和心態還會受到感情和理智等外界因素的影響，所以每個人呈現給大家的狀態都是不一樣的；也有的人戴著假面具生活，他們故意將自己隱藏起來，真真假假，虛虛實實，讓人「霧裡看花，水中望月」。這著實為我們準確識人心帶來了很多不便。

但是，在現實生活中，每個人又無法脫離社會而過著「隱居」的生活，人際關係對於每個人來說都是至關重要的，它關係著一個人的成功與失敗，正如卡內基所說：「一個人的成功，約有 15% 取決於知識和能力，85% 取決於人際關係的能力。」所以為了生存，為了實現自己的理想，就必須與各種各樣的人打交道，並透過這些活動去完成自己的計畫，因此具有識人本領至關重要。比如說，假如你想招賢納士，那麼你首先應該樹立自己的威信；假如你想在商業競爭中立於不敗之地，那麼你首先應成為一位識人高手；假如你想成為眾星捧月的領導者，那麼你首先必須是一位伯樂；假如你想在朋友中間具有凝聚力和號召力，你就必須具備隨機應變，識破人心的能力。總之，一個識人高手，往往具有深邃的洞察力，能準確地掌握對方的心理，領先一步，迅速掌握全盤的主動。

那麼，如何能具備很強的識人本領呢？怎樣從對方的一舉手、一投足之間即可讀懂其心意而見機行事？怎樣從對方的一個小細節、一個小習慣就可以識別其才幹與為人，而為我所用？怎樣從對方的一個眼神、一句話就能判斷出隱含的動機，而讓你繞過人生路上的許多歧路？

本書就是從外貌、言談、穿著打扮、興趣愛好、生活習慣、行為舉止、職場等多角度、深層次挖掘隱藏在人們內心深處的祕密，並結合大量具體生動的例子進行深入透徹、系統全面的剖析，內容廣泛，文字通俗，條理清晰，輕鬆活潑，既是一本實用型工具書，又是一本趣味性休閒讀物。希望大家在本書的啟發下，能輕鬆愉快地獲得有益的人生經驗與技巧，也能在官場上、商場上、情場上，在生活的各層面，掌握為人處世的策略，真正做到知己知彼，百戰百勝，不斷地由勝利走向勝利。

第一章　從外貌特徵看透人心

鼻子堅挺的人性格堅強，思維清晰，對事情有獨特見解。
富有挑戰精神，比較有自信，對自己決定的事情一般都能做到。
善於思考，不怕困難。但是也常常因為固執而走向事情的對立面。

第二章　從言談話語看透人心

邊說邊笑的人大都性格開朗，對生活要求不太苛刻，
很注重「知足常樂」，而且特別富有人情味，有極好的人緣，
這對他們開拓自己的事業本來是極好的條件，
可惜這類人大多喜愛平靜的生活，缺乏一種積極向上的精神，

否則這個世界很多東西都該屬於他們。

第三章　從服飾裝扮看透人心

連繫領帶這種小事都要人代勞的人，大都心胸豁達而不拘小節。
他們或是有某種常人沒有的絕技在身，或是先天具有領袖才能，
使他們不會將精力消耗在繫領帶這樣的細節問題上。
他們性情隨和，有同情心，朋友甚多，口碑亦好，
且夫妻情篤、家庭和睦。

第四章 從行為舉止看透人心

兩膝蓋併在一起，小腿隨著腳跟分開成一個「八」字樣，
兩手掌相對，放於兩膝蓋中間。
這種人特別害羞，多說一兩句話就會臉紅，
他們最害怕的就是出入社交場合。
這類人感情非常細膩，但並不溫柔，因此常令人莫名其妙。

第五章　從生活習慣看透人心

在看電視的時候，能夠保持精神高度的集中，
這樣的人多辦事比較認真，做任何一件事情都能夠全身心地投入。
而且這類人情感比較細膩，有豐富的想像力，很容易與他人產生共鳴。
在工作中，他們能夠專心致志地從事枯燥的工作，容易取得成功。

第六章　從興趣愛好看透人心

喜歡騎自行車運動的人，頭腦相對要靈活許多，
他們做事不會死腦筋，
一條路騎到底，
而是在幾條路中選擇最便捷的一條。

他們對新事物的接受能力比較強，好奇心也很強，
有良好的想像力和創造力，喜歡去一些未知的領域進行鑽研和探索。

第七章　從社交風格看透人心

留著舊時通訊錄的人，說明他是一個比較重感情、比較懷舊的一個人，
總希望能重溫舊日時光，即使是彼此之間的感情已經結束了，
也還是不放棄它們，因為想在記憶中保留一份美好的回憶。

第八章 從職場上看透人心

失敗以後能夠實事求是地坦然面對，並且能夠仔細、
認真地分析失敗的原因，進行歸納和總結，
爭取在以後的工作中不犯類似的錯誤的人。
這種人性格外向，有城府，有才氣，為人處世比較沉著和穩定，
具有一定的進取心，經過自己的努力，多半會取得成功。

第九章 如何看透男人心

不窮喊窮的男人，經常處於不滿足的狀態當中，
總覺得別人的東西都比自己的好，認為全世界都虧欠他們。
應付這種人是十分費力的，他們不會和任何人以誠相待，

說的都是半真半假的話，大多數情況下會矇騙他人。

第十章　如何看透女人心

喜愛吃奶油類食品的女人，這種女人富於羅曼蒂克情懷，
認為自己生命當中注定充滿燦爛的陽光，
生活中的新鮮和刺激會讓她們驚喜不已。
她們富於幻想，整天生活在編織好的美夢中，
與現實嚴重脫軌，所以一旦從夢境驚醒就會失落而不知所措。

第一章

從外貌特徵看透人心

Part 01

◆黑色眼珠大的人，思慮深但單純，感情細膩，富有膽識，坦率大方。

◆鼻子堅挺的人性格堅強，思維清晰，對事情有獨特見解。富有挑戰精神，比較有自信，對自己決定的事情一般都能做到。

◆嘴唇鬆弛的人給人一種散漫的感覺。可以看出他的身體不太好，因此做事缺乏足夠的體力支持。無論做什麼事情，只要過一會兒，就會感到精疲力竭，缺乏耐力幾乎成為他的一種基本狀態。

◆一個眉毛高挑的人，正是想逃離庸俗世事的人，通常會被認為這是自炫高深的傲慢表現，而稱為「高眉毛」。

◆有扇形耳朵的人，感受性敏銳，神經質，知識欲旺盛。對於追求名譽、地位和金錢相當執著。如果耳朵厚且豐滿，則金錢運佳。

◆頭髮像鋼絲，又粗又硬，而且還很濃密，這樣的人疑心病重，不會輕而易舉地相信別人。最相信的就是自己，所以凡事都要自己動手，操縱和掌握一切，才覺得放心。

眼睛對於透析人性的意義

愛默生說：「人的眼睛和舌頭所說的話一樣多，不需要字典，就能從眼睛的語言中了解整個世界。」

的確是這樣，眼睛的語言是人臉部的主要表情之一，它與一個人的思想感情有著密不可分的關係。一個人的所思所想很多時候會透過他的眼神表現出來，所以透過觀察一個人豐富的眼睛語言，也可以在某種程度上對他有一個大致的了解和認識。從眼睛可以看出這個人是溫柔的或是惡毒的，是冷淡的或是熱情的，是讚許的或是輕視的，EQ好或是易動怒。

心理學家珍．登布列在《推銷員如何了解顧客的心理》一文中說道：「一個成功的推銷人員，具有從眼睛中看透心理活動的本領，在業務上往往能夠游刃有餘，身經百戰。」具體地說，他可以從如下幾個方面識別顧客的心理：

(1)顧客眼睛閃閃發光，通常表示對方精神煥發，是個有精力的人，對會談很感興趣。

(2)顧客目光呆滯黯淡，通常說明他是個沒有鬥志而索然無味的人。

(3)顧客目光飄忽不定，通常表示這是個三心二意或拿不定主意、緊張不安的人。

(4)顧客目光忽明忽暗，有可能說明他是工於心計的人。

(5)顧客目光炯炯有神，一般看來他是個有膽識的正直之人。

總之，眼睛對於探析人的性格有著重要意義。

大眼睛的人

這種人具有敏銳的感受力，眼光遠大，積極而明朗，但容易受外力的影響。性格開放、坦率，容易親近。社會能力強而且很健談，協調性強。缺點是較輕浮，自以為是，喜歡夸夸其談，見異思遷，耳根軟，易受他人矇騙。

小眼睛的人

這種人性格外向，但思想很保守。感受遲鈍，有自己的人生原則。視野狹窄，但對一件事情的集中力、探究力與忍耐力強。性格消極、保守性強。適合冷靜和慎重的工作，但缺乏表現力，器量小、沉默、疑心重，是意志堅強、精打細算的現實主義者。

單眼皮的人

這種人性格內向，比較消極，不善言辭，冷靜，有邏輯性，觀察力和集中力均優，思慮深，意志堅強。做事細心、謹慎，不過這

種人有時可能思慮慎重到幾乎膽怯的程度，舉止行動非常小心。雖有持續力，但個性頑固，聽不進別人半點意見。

雙眼皮的人

這種人性格活躍，理解能力強、敏捷、喜動厭靜。知覺性強，感情豐富，熱情明朗，適應性和協調性優異，行動積極敏捷。嫉妒心強，凡事搶在別人面前自己絕不吃虧，比較小氣，愛斤斤計較，有些自私。

喜歡探究別人的隱私，對異性的態度積極，能博得人緣，喜歡被愛勝於配偶。

斜眼的人

這種人性情激烈，想法極端，常採取無理性的行動，個性強，疑心重。

黑色眼珠的人

黑色眼珠大的人，思慮深但單純，感情細膩，富有膽識，坦率大方。

黑色眼珠小的人，具有氣性激烈，自私自利，執著的性格。

褐色眼珠的人

他們是幽默開朗活潑快樂的人，但因性急，有輕率行動的傾向。性格大方，格調高，但容易得意忘形。褐色眼睛的人對色彩的敏感度也很強。

眼睛凸出的人

這種人辦事常常是欠考慮，大而化之，一副滿不在乎的樣子。而且往往自以為是，辦事武斷，自尊心不強，企圖用自己的誇誇其談來掩飾自己的無能。

眼睛凹進的人

這種人性格外向，感情豐富，思維敏捷，過於挑剔，自私自利，喜歡探究別人的隱私。擅長區分細節，可以窺測出一個人個性中的小缺陷，很難與人相處。

臉形是看透人心的鏡子

臉是一個人的「門面」。「門面」的好與壞，格調的高與低，對於工作、生活甚至人生都有不可小視的意義。當然，從臉部特徵也可以印證人的性格。林肯也曾做過「以貌取人的事」。

有一次，林肯的一位朋友向林肯推薦某人為閣員，但林肯謝絕了。

他解釋說：「我不喜歡他那副長相。」

「哦？可是，這不太嚴重了嗎？他不能為自己天生的面孔負責呀！」

「不，一個人到了 40 歲就應該為自己的面孔負責。」林肯肯定地說。

其實，這種以小窺大的具體鑒別方法，有時並不如觀察整體臉型來得簡單而有效。

中國有兩句成語，叫作「相隨心改」和「相由心生」，就已經點出了一個人的面貌代表著該人的心念。臉形是反映人的內外和諧統一的象徵，觀察人的臉形，有助於了解和判斷一個人的品行和特長。

圓形臉

圓形臉的特徵是給人豐滿圓潤的感覺，具有活力。

這種人大多數都樂於助人，與任何人都能融洽相處，具有幽默感，親和力強，深受人們歡迎。缺點是任性和個人主義，常會為一件單純的事而動氣；有協調性，天生難以抗拒他人請求，不過有時候應而不行，做不到誠信第一，與其交往的要訣就是成為他的好聽眾，這樣會使他非常開心。

橢圓形臉

如果是一個橢圓形臉的女人，不需要多少化妝品，便可以把臉孔修飾得完美無缺。橢圓形臉的男人，通常擁有藝術家的敏感和沉著冷靜的個性。無論是男性或女性，都擁有敏感，沉著冷靜，善於思考，思考敏捷的特性以及與生俱來的優雅氣質。這種人最吸引人的地方是他的光彩、魅力和令人愉悅的微笑。缺點是好強、性急、精力充沛、好妒易怒，但他們很懂得推銷自己，是不折不扣的強硬派。

方形臉

方形臉的特徵是方頭方額方下巴，給人一種四角擴張的寬感。此臉形的人，體力腦力都不錯，因此不管是讀書或運動，只要努力一下，就能發揮實力，取得優異的成績。

這種人性格開朗樂觀，自信大方；堅強、高傲、有決斷力，是那種可以做決定，同時不必費多大心力就可以說服他人一起做事的人。他是一位好老師、值得信賴的朋友。他可能不是世界上最聰明的人，但他在事件中能掌握大局。

瓜子臉的人

瓜子臉的人性格外向，活潑大方，自信，爭強好勝，浪漫多情，對生活充滿信心，善於交際，人緣好。

倒三角形臉

臉呈倒三角形，頭部大，額頭寬，充滿智慧的感覺，下巴細而尖是其特徵。這種臉形是人具有認真而冷靜縝密的性格。缺乏社交能力，自私而依賴心強。喜愛工作，熱情投入。但用腦多，而執行力不夠。金錢欲望小，重名譽地位。

由於自尊心極強，好面子，因此一旦被人當面指責時，會馬上動怒。大體來說，他比一般人更關心上層人士的動向，對於擁有官職頭銜的人，會情不自禁流露出羨慕之容。

三角形臉

臉部的下半部胖，像飯糰。額頭狹窄，下巴寬，多肉。鼻子小，鼻翼張開，嘴大。

三角形臉的人意志堅強，通情達理，感情濃厚。雖然人生道路上較辛苦，但絕不背叛他人。按部就班，感情生活堅定，但容易動情是其缺點。

這種人基本上是個誠實的人，事業方面會成功，具有隨機應變的長處。有社交能力，感情細膩，真心待人。有指導能力，人品好，是快樂明朗的典型，極受大家歡迎。他們是現實主義者，金錢、家庭方面都很平穩。

瘦長形臉

臉形長，下巴呈四角形，口鼻顯得比較小。膽怯、溫和是這種類型人的顯著特徵；對細微的瑣事能考慮得很周到，有從事研究的欲望，對人謙恭、周到、有禮貌，乍看起來通情達理，但其實很難表達自己的心意，因此與其交往會造成些麻煩。他們在追求理想方面擁有極大的想像空間。

蛋形臉

這種臉形分為上尖形和下尖形。上尖形的人是腳踏實地、勤奮肯幹；而下尖形的人，則常愛耍嘴皮子，把話說得天花亂墜，卻從不會付諸行動的。

蛋形臉的人具有邏輯性，意志強。但欠缺人情，不適合從事企劃等有創意的工作，適合做比較穩定的工作，忍耐力、實行力比較強。頭腦思路明朗清晰，是鍥而不捨的典型，遭遇困難皆能克服自如。反之缺少社交能力和通融性，是容易被孤立的個性。易受到精神上的勞苦。因為對工作的熱誠似乎而有用不完的體力，有金錢上的煩惱。又因為以工作為中心，疏忽照顧家庭，易造成家庭的不幸。他們是對藝術文化缺乏興致的類型。

長方形臉

額頭寬，眼睛修長，目光銳利，鼻梁挺，有氣派，鼻翼張開。

這種人能給人安全感，是良好的相貌。聰明，給人溫暖的感覺，包容力和意志力兼備，可以說是理想的性格。再加上積極的實行力，自然事業有成，一生幸福。他們是大器晚成型，金錢、家庭從中年至晚年佳運綿延。

寬臉

這種人性格敦厚老實，不善言辭，有時比較木訥，但卻十分聰明，心思縝密，對人比較熱情，愛與人交往，不會因小事與人計較，所以很受周圍的人喜歡，並樂於做他們的朋友。缺點是，思想不積極，凡事得過且過。

鼻子是人的性情的視窗

洛伊希斯在《人體美學》一書中闡述：「自亞里斯多德以來，人們都相信鼻子和性格息息相關，而且鼻子是在胚胎時期最早成型的器官，也被作為美的象徵。」

鼻子也是有語言的，它的每一動作也在詮釋著人的一種心態，甚至能反映出一個人的性格。比如在發出「嗤」的聲音時，鼻子是往上提的，雖然動作輕微不易察覺，卻已向人發出了「我瞧不起你」這種訊息。這就是我們常說的「嗤之以鼻」。

在交談中，對方的鼻子稍微脹大時，通常表示得意或不滿，或情感有所抑制。人的鼻子之所以脹大，是因為在興奮或緊張的狀態中呼吸和心律跳動會加速而產生鼻孔擴大的現象。

鼻頭冒出汗珠時，應該說就是對方心理焦躁或緊張的表現。鼻子的顏色並不經常發生變化。但是如果整個鼻子泛白，就顯示對方的心情一定有所恐懼或顧忌，以致畏縮不前。另外，在自尊心受損、心中困惑、有點罪惡感、尷尬不安時，也會出現鼻子泛白的情形。

由此可見，儘管鼻子是人體五官中最缺乏運動的部位，但也是有著屬於自己的語言的。當你觀察一個人時，不妨從鼻子的細微表情去看透對方。

高鼻梁

凡是高鼻梁的人，性格比較外向，樂觀熱情，十分自信，口才便給，能言善辯，巧於辭令。爭強好勝，自我意識比較強烈。因為覺得自己鼻梁美，多少都有某種優越感，表現出「挺著鼻梁」的傲慢態度。缺點是言語尖刻，出口傷人，應該好好地管住自己的嘴。

低鼻梁

低鼻梁的人性格隨和，性情溫和，待人熱情，心地善良，為人處世比較有分寸，喜歡幫助比自己弱小的人，有一副熱心腸。

蒜頭鼻

你的鼻子就像一個蒜頭，鼻梁扁平，鼻子短小，鼻尖和鼻翼都比較細小。你缺乏熱情，對人比較冷淡，年輕的時候一般不會受到他人重視，中晚年才會有希望發展。你情緒不振，你所信奉的生活給人的印象是「平平淡淡才是真」。

酒糟鼻

鼻頭部分常帶紅色的人，往往是經常喝酒的人，你喝酒已經把腸胃喝壞了，一個人如果胃不好，對身體的影響是很大的。因此紅鼻子的人要十分注意身體。

塌鼻子

這種人性格內向、保守，比較敏感，有智慧，有見識，但不太善於運用自己的聰明才智，做事循規蹈矩；有自卑心理，防範心強，不善言辭，更不與人有很深的交往。但人比較善良，沒有壞心眼，講信用，重承諾，常常給人一種平凡的感覺。

堅挺鼻子

鼻子堅挺的人性格堅強，思維清晰，對事情有獨特見解。富有挑戰精神，比較有自信，對自己決定的事情一般都能做到。善於思考，不怕困難。但是也常常因為固執而走向事情的對立面。

從嘴巴透視人的品行

嘴巴是人類傳遞有聲語言的重要器官，同時也是臉上富有表情的器官之一。心理學家認為，嘴與人的性格聯繫是潛在的。

俗話說：「好馬出在腿上，好人出在嘴上。」人們常用吐字清晰，口齒伶俐來形容一個人的嘴上功夫，說他口才好，能言善辯，其實這只是其中的一個方面。

嘴唇往前空嘸的時候，可能是一種防衛心理的表示。

嘴唇兩端呈現稍稍拉向後方的狀態，表示對方很關心你說的話題。

嘴角上翹，表示這種人豁達、隨和，比較好說話，也易於被說服。

下巴縮起的人，做事認真，但是疑心很重，容易封閉自己，不易相信他人。

下巴高抬的人，性格驕傲，有很強的優越感、自尊心強，目光望向你時，常帶否定性的眼光或敵意。

說話或聽話時咬嘴唇，表示對方在自我譴責，自我解嘲，甚至自我反省。

口齒不清，說話遲鈍，但意志堅定，見解不凡，此人必定才能出眾。

說話時以手掩口，其人性格較內向，思想保守，不敢過多曝露自己。還有一種情形：表示對方存有戒心，或者在做某種自我掩飾。

關鍵時將嘴抿成「一」字形的人，其性格堅強，交給他的任務他一定能完成，有一種不達目的不甘休的精神。

總之，嘴巴是語言的傳聲筒，它也能折射出人的性格特徵。

四方口

這種口型方方正正，嘴角平直，給人一種正直開朗的感覺。這種人無論做什麼事情都專心致志，而且頭腦比較靈活，讀書學習都比較見成效，被當成是聰明人。這種人因為樂觀好學，很容易受到別人的喜歡；因為正派，常會得到別人的信賴和幫助，因此人生較不坎坷。

仰月口

這種口型比較方正，兩個嘴角自然向上，天生就是一副很開心的樣子。他們對知識也很感興趣，好奇心強，知道的也多，往往出口成章，顯得滿腹經綸，所以經常會成為社交中引人注目的人物。謙虛禮讓的他，讓你覺得很好相處，溝通起來較方便。

覆船口

兩邊嘴角自然下垂，下唇繃得很緊而且輪廓不太鮮明。具有這種嘴唇的人，思想上比較消極，做事缺乏激情，總是被動地接受任務，循規蹈矩，抱著「不求有功，但求無過」的想法去工作。他們的謹慎態度會讓他們錯過許多機會，但是也使他們在人生道路上減少許多不必要的波折。

這種人遇事容意往壞的方面去想，是個悲觀主義者，即使努力過人，也會一生貧窮勞苦，更不適合做生意。

大嘴唇的人

這種人性格外向，坦白率真，思想開放，行為保守，是一個理想主義者，但有一顆不安分的心。熱愛自由，個性明朗活潑，精力旺盛，富有挑戰性，具有持久力和生命力，凡事都能勇往直前。缺點是因過於直率，容易得罪人，脾氣急躁缺乏耐心。

雙唇緊閉的人

你絕對能夠保密，甚至生活上也保持沉默。你對自己的言行舉止都十分謹慎，以至有些過度敏感，嚴肅固執的個性，使你比較喜歡和周圍的人保持一定的距離。然而，在你內心深處，卻存在著一股透過性愛或工作也無法解除的焦慮，這種焦慮讓你常常鬱悶不樂。

厚嘴唇的人

這種人性格外向，喜歡追求感官的刺激，偏重於物質取向，外表溫馴，但內心充滿了欲望，個性沉穩，值得信賴。

這種人熱愛生活而且體力相當好，對所有臥室裡的活動，都能夠全心投入。因此，不難想像能夠主動挑起伴侶夢寐以求的性愛動作。

薄嘴唇的人

這種人屬於雙重性格，活潑開朗，能說會道。好奇心旺盛，喜歡社交，人緣好，通常是多才多藝，但比較敏感、善變。有時給人以冷靜、冷淡的印象。不過，實際上卻是個很有正義感的人。自尊心很強，不喜歡討好他人，也不喜歡干涉他人。但是，這種人愛耍嘴皮子，好像只有用語言才能戰勝對方。

下嘴唇突出的人

這種人自私自利，比較吝嗇，他們恨不得把一分錢當成兩分來花。這種人的嫉妒心很強，他們有很強的報復心，好像整天都在跟別人嘔氣，隨時隨地準備咬人。這種人生性倔強，脾氣火暴，經常爭強好勝。

鬆弛唇的人

嘴唇鬆弛的人給人一種散漫的感覺。可以看出他的身體不太好，因此做事缺乏足夠的體力支持。無論做什麼事情，只要過一會兒，就會感到精疲力竭，缺乏耐力幾乎成為他的一種基本狀態。因此適合做那些雷厲風行的事，因為他的爆發力驚人。應該注意鍛鍊身體和增加營養，把體力鍛鍊作為意志力加強的手段，從而獲得雙贏。

眉毛彰顯內心痕跡

眉毛被人們稱為「保壽官」。從生理上來說，眉毛對保護眼睛是有功勞的。在美學功能上，眉毛的作用也不可小看，「眉清目秀」向來是貌美的重要標誌，從看人方面，眉毛與性格也給人一種很重要的資訊。

曾國藩說：眉崇尚光彩。好的眉毛表現在四個方面：「清秀油光」、「疏爽有氣」、「彎長有勢」、「昂揚有神」，也就是說，眉毛應該有光、有氣、有勢、有神。所謂「神」是指眉毛能傳情，能達意。眉毛有氣象有起伏，給人一種文明高雅的感覺。眉毛短促而有神氣，就給人一種氣勢。如果眉毛太長而缺乏起伏，就像一把直挺挺的劍，那麼這種人的脾氣往往比較火爆，喜歡爭強好勝，總是自己把自己攪得不得安寧。如果眉毛太短，甚至露出了眉骨，又缺乏應有的生氣，就會給人一種單薄的印象。這種人讓人感到不舒服，有人甚至會無端地跟這樣的人過不去。

下面讓我們具體分析一下眉形與性格的關係，相信這對看透一個人是非常有幫助的。

揚眉

當眉毛揚起時，會略向外分開，造成眉間皮膚的伸展，使短而垂直的皺紋拉平，同時整個前額的皮膚擠緊向上，造成水平方向的長條皺紋。揚眉這個動作，能擴大視野。但同時也要認識到，一個眉毛高挑的人，正是想逃離庸俗世事的人，通常會被認為這是自炫高深的傲慢表現，而稱為「高眉毛」。

當一個人雙眉上揚時，表示非常欣喜或極度驚訝；如果單眉上揚時，表示對別人所說的話、所做的事不理解或有疑問。

他們面臨威脅時，犧牲擴大視野的好處，皺眉以保護眼睛；危機減弱時，則會犧牲對眼睛的保護，揚眉以看清周圍的環境。

掃帚眉

你眉毛的眉頭很細，逐漸寬闊起來，到了眉尾一收一散，形狀就像一把掃帚。你的眉毛顯得很粗，常常給人一種孤獨的感覺，顯得缺少人情味。一輩子吃穿問題不大，一般來說，沒有大起大落。如果比這種眉毛稍有不同，顯得粗而濃，寬而短，毛也比較粗，這就叫小掃帚眉。其命運也跟掃帚眉差不多，一生平平淡淡。

柳葉眉

你眉毛較粗，眉尾彎曲，呈現出不規則的角狀，就像春天的一片柳葉。這種眉毛的人有理性，有文才、坦率。但因人好無心機，容易被欺騙，貞操觀念強烈。家庭觀念卻比較淡薄，因為朋友很多，中年之後，往往事業有成，名聲較大。

聳眉

聳眉指眉毛先揚起，停留片刻，然後再下降。聳眉與眉毛閃動的區別就在那片刻的停留。聳眉還經常伴隨著嘴角迅速而短暫地往下一撇，臉的其他部位沒有任何動作。聳眉所牽動的嘴形是憂傷的，有時它表示的是一種不愉快的驚奇，有時它表示的是一種無可奈何的樣子，此外，人們在熱烈地談話時，會做一些小動作來強調

他所說的話，當他講到重要處時，也會不斷地聳眉。

斜挑

斜挑是兩條眉毛中的一條降低，一條向上揚起，這種無聲語言，較多在成年男子臉上看到。眉毛斜挑所傳達的訊息介於揚眉與皺眉之間，半邊臉顯得激越，半邊臉顯得恐懼。揚起的那條眉毛就像提出了一個問號，反映了眉毛斜挑者那種懷疑的心理，對方應摸清說話者的用意。

閃動

眉毛閃動是指眉毛先上揚，然後在瞬間再下降，像流星劃過天際，動作敏捷。當兩位久別重逢的老朋友相見的一剎那，往往會出現這種動作，而且常會伴隨著揚頭和微笑。但是在握手、親吻和擁抱等密切接觸的時候很少出現。

眉毛閃動有時表示加強語氣，每當說話者要強調某一個詞語時，眉毛就會很自然地揚起並瞬即落下。

皺眉

皺眉的情形包括防護性和侵略性兩種。防護性的皺眉是面臨外界攻擊、突遇強光照射、強烈情緒反映時典型的退避反應。至於侵略性的皺眉，其表現仍是出於防禦，是擔心自己侵略性的情緒會激起對方的反擊，與自衛有關。真正的侵略性應該是瞪眼直視、毫不皺眉的。最常見的皺眉，往往被理解為厭煩、反感、不同意等情形。

粗眉毛

長有粗眉毛的人，屬於積極型的性格。為人忠厚老實，坦誠開朗，待人熱情大方，人也很樂觀。

淡眉毛

這種人性格穩重，很有城府，喜歡獨立思考問題，對任何事都深思熟慮，是個足智多謀、深謀遠慮的人。不過這種人人際關係狹窄，朋友少，自私，易動感情。無指導力，愛情機運不佳，生命力不強。

耳朵是資訊的中轉站

耳朵作為人的面部的五官之一，其長勢與形狀，以及與面部其他各器官的搭配是否和諧，對人的容貌的影響也是很大的。

中國人比較喜歡耳朵形狀輪廓分明，耳孔要闊而深，耳朵上部要高過眉毛，即所謂「耳色潤鮮，高聳於眉，輪廓完整，貼肉敦厚，風門寬大」。這樣的耳型給人以厚道可靠的印象。

耳朵被稱為「童年縮影圖」，意思是說一個人的成長經歷與生長環境，不會對耳朵有多大影響，耳型與耳貌與生俱來，一生中不會有什麼變化。

耳朵不僅是聽覺器官，而且還是構成人體美的重要組成部分。由於與腎臟有關，因此，你可以觀其腎氣旺衰，從而預知將來子女的情況。

有耳垂的人

像彌勒佛一樣，古人認為是較有福氣，個性溫和，處理事情井然有序，不急不躁，在人際關係方面也較圓滑。

無耳垂的人

沒有耳垂或者耳垂小的人，再加上內耳部分突出，古人稱為「輪飛廓反」。這種人通常叛逆心重，你說向東他偏要向西，經常唱反調，而且個性衝動，缺乏奉獻的精神，較不肯吃虧，但反應機靈敏銳。

招風耳的人

耳朵的形狀向前張開成「招風耳」，會像雷達網一樣的接收資訊。具有這種耳朵的人對於消息蒐集非常靈敏快速，判斷事情有自己獨到的見解，甚至喜歡從事帶有冒險性的工作。此外有投機、吹毛求疵、疑心病重等特性。

貼附耳的人

貼在臉部兩側的耳朵，從正面看不出全部。有這種耳朵的人，智力和體力都不錯。獨立性強，有指導力、忍耐力及行動力，也有直覺力，是度量大、有才能的人。做任何事只要努力就能成功，運勢強，名譽及金錢同享。猜疑心重是其缺點。

扇形耳的人

扇形耳是大而薄的耳朵，無耳垂或耳垂小。有這種耳朵的人，感受性敏銳，神經質，知識欲旺盛。從小在父母的保護下成長的佔多數，對於追求名譽、地位和金錢相當執著。有這種類型耳朵的人，如果耳朵厚且豐滿，則金錢運佳。

大耳朵的人

這種人智慧優異，有指導力，並且體力好。心智、財運均佳，一生如日中天，事業必然有成。但是稍顯神經質，且慎重行事，能採納他人的意見。

小耳朵的人

個性強，度量狹小，脾氣暴躁，被攻擊易怒。性格輕薄，見異思遷，意志薄弱，不採納他人之言。耳朵雖小，卻硬有彈性，則具有勇氣，意志強，也有膽識。

頭髮渲染個性魅力

古人說：「髮為血之餘」，這是說從一個人的頭髮可以看出他的健康狀況，而從現代生理心理學角度看，頭髮還與人的性格密切相關。

一位美國學者經過分析認為，頭髮平滑細軟的人，性格多半溫柔；頭髮硬而直的人，大多個性剛直，情緒穩定；頭髮濃黑有光亮的人，通常感情豐富；頭髮灰黃的人，感情較為淡薄；頭髮較密的人，健康而活潑；頭髮天然鬈曲的人，性格多不穩定，勇氣不足。由於每個人的頭髮都擁有多種特質，以至於很多人的性格複雜，也都表現在不同方面，甚至有時還帶有矛盾的成分。

頭髮像鋼絲且濃密的人

頭髮像鋼絲，又粗又硬，而且還很濃密，這樣的人疑心多比較重，不會輕而易舉地相信別人。最相信的就是自己，所以凡事都要自己動手，操縱和掌握一切，才覺得放心。他們的佔有欲望和控制力都較強，他們做事很有些魄力，而且組織能力也比較強，具有一定的領導才能。這一類型的人，理性的成分要大大地多於感性，所以涉及感情方面的問題時，往往會顯得很笨拙。

頭髮粗，但色澤淡的人

頭髮很粗，但色澤淡，而且髮質剛硬，很稀疏。這一類型的人自我意識極強，剛愎自用，往往聽不進去別人半句話。他們不甘心被人領導，但卻渴望能夠駕馭別人。他們多比較自私，沒有寬容大度的胸懷。但這一類型的人一般來說，頭腦還算比較聰明，可是他們的目光又比較短淺和狹窄，只專注於眼前，看不到長遠的利益，所以多不會有大的成就。

頭髮柔軟，但卻極稀疏的人

這一類型的人自我表現欲望一般來說比較強，他們喜歡出風頭，更愛與人爭辯，以吸引他人的目光，獲得他人的關注。

他們做事的時候，多缺少必要的思考，多注意表面功夫，所以常會做出錯誤的判斷，而且還容易疏忽和健忘。

頭髮濃密粗硬，卻能自然下垂的人

這種人從外形上來看，多半身體比較胖，而且也顯得比較慵懶，不喜歡活動，但是他們的心思多比較縝密，往往能夠觀察到特別細微的地方。他們的感情比較豐富細膩，易動情，對情感不專一。

頭髮濃密烏黑，還和鬍鬚連在一起的人

這種類型的男性，往往性格魯莽粗獷，耿直無私，豪放不羈，具有俠義心腸，嫉惡如仇，喜歡多管閒事，好打抱不平，脾氣大，有為朋友兩肋插刀的義氣。

頭髮自然向內卷曲的人

這一類型的人，脾氣大多比較暴躁，粗魯無禮，敏感多疑，而且疑心比較重，總是患得患失地在猶豫和矛盾中掙扎，除此之外，嫉妒心還很重。常常以自我為中心。

頭髮長長的，直直的人

這種人的性格大多介於傳統與現代之間，他們既含蘊世故，又大膽前衛，只是要視情況而定。他們通常有很強的自信心，對成功的渴望很迫切，也會一直努力地付諸行動。

頭髮短而簡潔的人

頭髮很短，這樣看起來很簡潔，而且也極為方便。這一類型的人，大多有勃勃的野心，他們的生活總是被各種各樣的事情佔據著。他們在內心很想把這些事情做好，但實際上卻往往什麼也做不好，因為他們缺少必要的責任心。在遭遇困難，面對挫折的時候，往往是選擇逃避。但是他們做事準備工作往往做得很細緻。

體型是性格的視窗

中國人有句名言：「人需要接近看看，馬需要騎著看看。」從人的言談舉止中，雖然也可以看出一個人大致的內心活動，但透過對體型的觀察，便可以看出對方的某種特殊的潛質。

在工作或社交場合當中，人們總是把自己的內心包裹得十分嚴密，要想了解一個人的性格，並不簡單。但是，人至少有一樣東西是難以包裹的，這就是他的體型。人的體型無法受意識控制，然而卻能反映出內心。因此，我們可以透過體型識人，來大致判斷一個人的性格。

肥胖型

這種體型的人的特徵就是在胸部、腹部、臀部上厚積了一大堆肥肉。一旦腹部等處凝聚大量脂肪，俗稱的「中年肥胖」便出現了。

他們的性格特徵是活潑開朗，喜好社交，行動積極，心地善良，想法簡單，經常保持幽默或充滿活力的狀態，也有穩重、祥和、溫文爾雅的一面，經常突然地改變為喧譁或文靜態度，屬躁鬱質類型。

他們的理解力和同時處理許多事物的能力強，但考慮欠缺一貫性，常失言，過於輕率，自我評價過高，喜歡干涉對方言行，好管閒事。

筋骨強壯而體格結實型

這種人的外形特徵是肌肉發達、筋骨強健、體態匀稱、肩幅寬闊、頭部肥胖。他們辦事原則性強，誠實正直，因此從事舉重、摔角和土木工程方面的工作可望出人頭地。這種人做事認真可靠，一絲不苟。他們處處以秩序為重，講求規律，一旦著手某種工作，必堅持到最後完成，過著充實而又踏實的生活。

這類人做事速度遲緩，缺乏幽默感但還是值得信賴。他們不僅有固執的一面，還有拘泥形式思考的習慣，缺乏情趣而呆板。被妻子要求離婚的人，也是這種類型的人居多。

瘦弱細條型

這類人強烈的敏感性使他對自己周圍的變化非常敏銳，常會過於留意周圍人的動靜。這類人都比較聰明，知識分子居多。

這類人心理不穩定，失衡，心情焦慮，本人卻能經常發現自己的這種缺點。具有豐富感受性、感覺細膩。文靜真誠而又順從的性格，給他人的印象是沒有自主性、遲鈍、性情易變、不易相交。

強健型

這類人的特徵是黏液質類型人的特徵，其第一特徵是肌肉發達，筋骨強健，體態匀稱，肩幅寬闊，頭部肥胖，言行循規蹈矩，一絲不苟，誠實正直。

以秩序為重，做事講求規律，一心一意，每天生活充實，一旦著手某種工作，必堅持到最後完成。速度遲緩，說話拐彎抹角，嘮叨不停，寫文章篇幅過於冗長，謹慎而周到，這類人是足以信賴但又稍嫌欠缺趣味性的剛硬性人物。

娃娃臉半成熟型

這類人怎麼也看不出年紀大小，臉長得像個娃娃，即未成熟型的人，他們以自我為中心，表現欲望強烈，個性很強，又稱為顯示性性格。

如果話題不是以他們為中心，他們就會不愉快，他們完全不聽他人的話，屬任性類型。

他們對任何事物都不精通，但擁有廣泛知識，談吐風趣，擅長說笑話。

他們屬於天真而無心機的人，但他們自己並不知道自己沒有成人個性和思想，所以是個悲劇。如果自己被奉承，就感覺很好；如果被冷淡，就會嫉妒，這時要小心他們變成歇斯底里狀態。

骨架大型

這種人的自尊心強，具有勇氣，充滿鬥志，自我意識很強，很果斷，有時缺乏協調性與圓融性。有積極性格，耐力強，沉默寡言，不善於表達，缺少社交能力。責任心強，注重實踐，非常執拗，有盡力完成目標的性格。喜愛運動，有抑制感情的意志力。

圓身體型

這種人性格天真爛漫，但自高自傲，喜歡貶低別人，標榜自己。缺乏愛心，嫉妒心很強烈，幾乎形成歇斯底里的狀態，和這種人打交道，一定要特別注意，過分信賴這種人，容易受到傷害。

下巴延展了個性魅力

對第一次見面的人，如果你想對他有所了解，比如看穿他當時的心思，只要觀察一下他的下巴就可知道個八九不離十了。

下巴的動作雖然極為細膩，但卻能左右他人的印象。站在鏡子前，將下巴抬高或縮起，會產生不同的判別印象。下巴抬高時，胸部及腹部都會突出，有驕恃自大的樣子；反之，將下巴縮起，稍似駝背，個性上就顯得很懦弱、氣餒，若此時觀察對方，將會發現其眼球向上翻滾，彷彿懷疑心重。總之，下巴所展現的各種語言，「突顯」出來的個性和欲望，對於我們了解人的性格有著重要意義。

尖下巴

尖下巴的人屬於行動派，絕對不願意閒下來，喜歡忙忙碌碌的

生活。他們的個性剛毅果斷，當有了一個方向時，一定會堅決地一往直前。不論遇到什麼困難，他們都有堅持到底不服輸的精神。擁有尖下巴的人富於進取心，不論是學者、實業家、政治家、作家等，透過積極進取，均能獲得極大成功。不過，如果走錯了一步，這類人的性情便會一反常態，甚至去從事破壞性的活動。

圓下巴

圓下巴的人通常能夠擁有美滿的愛情。如果是位女性，一定非常顧家；如果是男性，性情一定溫和。這種人不僅是戀愛的勝利者，同時由於工作十分熱心，經常能夠被主管委以重任從而成為事業上的勝利者。可見，有圓下巴的人是愛情、事業雙贏。

方下巴

方下巴的人是徹底的理想主義者，有時他雖然知道形勢會對自己不利，但仍然有勇氣積極行動，有許多男性屬於這種類型。在戀愛方面他們也極富理性，對於他們不能理解的人，不會加以考慮。但是，一旦產生愛意，他們就會力排萬難，專心致志地努力追求。

胖下巴

這種人性格外向，心高氣傲，具有強烈的優越感，且自尊心很強，他們常常會否定別人，對別人所取得的成績持不屑一顧的態度，認為別人永遠都不如自己。

長下巴

這種人為人正直嚴肅兼有耐力，性格認真，做事肯堅持到底，

是深具毅力又能苦幹的工作狂。由於他們有情有義，肯為朋友犧牲又熱心助人，因此也會得到一些回報，人緣非常好。女性擁有長下巴加上厚肉，則屬於內柔外剛，人緣極佳，熱心助人。

下巴凸出

此種人個性爽朗活潑，感情豐富，意志力強，樂於助人且對外人好過自己的家人，做事積極進取，自視甚高，他們行動力強，具有野心。

下巴向內

乍看起來好像沒有下巴，性格比較內向且懦弱，做任何事都沒有主見，隨波逐流，精神散漫，常常經不起誘惑，缺乏忍耐力，感情方面較為脆弱。

第二章

從言談話語看透人心

Part 02

◆聲音高亢者，一般而言比較神經質，一旦變換房間、床位，就變得難以入眠，對環境的改變相當敏感。他們的想像力特別豐富、審美眼光頗高。

◆邊說邊笑的人大都性格開朗，對生活要求不太苛刻，很注重「知足常樂」，而且特別富有人情味，有極好的人緣，這對他們開拓自己的事業本來是極好的條件，可惜這類人大多喜愛平靜的生活，缺乏一種積極向上的精神，否則這個世界很多東西都該屬於他們。

◆女孩子對異性產生好感的時候常常使用這種方式，故意不正眼看人，即使是與她們幾乎撞個滿懷，她們也會快速地把目光轉向別處。她們其實只是放了一種煙幕彈，是在用相反的方式提醒對方她們已經敞開了胸懷。

◆說謊的時候東張西望的人通常比較膽小怕事，也就是說他們根本就不會說謊，對於說謊，感覺像做了虧心事似的，而且心中受到了譴責，同時等待接受對方的懲罰。

從「口頭禪」看人的性格

在生活當中，絕大多數人都有使用口頭語言的習慣，這種口頭語言是人在日常生活當中由於習慣而逐漸形成的，具有鮮明的個人特色。

這種習慣性動作或語言，自己很難留意到，但別人卻會清晰地感覺到。從心理學角度來講，口頭禪是人內心中對事物的一種看法，是外界的資訊經過內心的心理加工，形成了一種固定的語言反應模式，以至於出現類似的情形時，它就會脫口而出。口頭禪作為一種下意識的表現，可以幫助我們去認識一個人。因為口頭禪反映了人們的一種情緒、一種心態，同時也間接地反映了一個人的性格。

老實說，不騙你

這種人有一種擔心對方誤解自己的心理，性格有些急躁，內心常有不平。

可能，大概說

有這種口頭禪的人，充滿很強的自我防衛心理，不會將內心的想法完全曝露出來。在處事待人方面冷靜，所以人際關係比較好。此類口語也有以退為進的含意。事情一旦明朗，他們會說：「我早估計到這一點。」從事政治的人多有這類口頭禪。

但是，不過

這種人有些任性，因此總是提出一個「但是」來為自己辯解。「但是」語是為保護自己而使用的，也表現了溫和的特點，它顯得委婉、含蓄。從事公共關係的人常有這類口頭語，因為它的委婉意味，不會令人有反感。

聽說，據說，聽人講

其所以用此類口頭語，是為了給自己留有餘地。這種人的見識雖廣，決斷力卻不夠。很多處事圓滑的人，易用此類語。

以「而且」、「可是」做開頭的人

如果這個是口頭語的話，內容並不一定是否定的。不過有否定對方的話或是無視其存在的意思。這是個處處炫耀自己，以自我為中心的類型。

使用「反正」、「終究」的人

強調「完全如同預料」，有一點嘲諷意味。雖然自我表現欲很強，本質卻很害羞，緊緊封閉自己的思想，不想讓別人看到自己的弱點。

使用流行辭彙的人

這種人熱中於時尚的追求，喜歡浮誇，缺少個人主見和獨立性，做事缺乏耐性。

喜歡在談話中引用「名言」的人

大多屬於權威主義者。他們會不論場合、不分談話對象和主題，在與別人的交談當中，頻繁使用名人的格言來駁斥對方或證明自己的論點。這種人缺乏自信，低估自己的能力，習慣借助他人之名來壯大聲勢。說話時如此，在生活和工作中也有類似的「狐假虎威」的現象。

過分使用客套話的人

過分使用客套話的人，心裡存有戒心，常常拒人於千里之外。在人際交往中，恰當地使用客套話是必要的。但如果兩人的關係原本就相當好，一方卻突如其來地說些客套話，則說明心中有鬼或另有圖謀。同時，引用過於謙虛的言詞談話，有可能表示強烈的嫉妒心、輕蔑、警戒心等等。

從聲音判斷對方的性情

《文王觀人篇》認為：天地最初的元氣產生萬物，萬物產生後自然有各種聲音，而聲音有的剛烈，有的柔和，有的渾濁，有的清脆，有的美好，有的醜惡，而剛柔、清濁、美惡都產生於聲音本身。心性華麗怪誕的人，發出的聲音就流宕發散；心性柔順貞信的人，發出的聲音就柔順而有節制；心性卑鄙乖戾的人，發出的聲音就嘶啞而醜惡；心性寬緩柔順的人，發出的聲音溫和而又美好；貞信之氣中正簡易，仁義之氣舒緩和悅，智能之氣簡練悉備，勇武之氣雄壯直率。因此要透過聆聽其發出的聲音，判斷氣質的類型。

聲音的確會表現性格和人品，有時也是預測個人前途的線索。從臉部表情、動作、言詞用語而無法掌握心態時，往往可從聲音去揣摩其喜怒哀樂等情緒變化。

高亢尖銳的聲音

聲音高亢者，一般而言比較神經質，一旦更換房間、床位，就變得難以入眠，對環境的改變相當敏感。他們的想像力特別豐富、審美眼光頗高。

發出這種聲音的女性情緒起伏不定，對人的好惡感也極為明顯。這種人一旦執著於某一件事則會堅持到底。不過，通常也會因一點小事而傷感情或勃然大怒。這種人有自相矛盾的想法，且並不以為錯；不服輸，討厭向人低頭；說起話來滔滔不絕，常常把自己的想法強加於他人。面對這種人，不要給予反駁，表現謙虛的態度即可。

男性中發出高亢尖銳聲音者，個性狂熱，容易興奮也容易疲倦。這種人對女性會一見鍾情或貿然地表白自己的心意，往往會令對方大吃一驚。

溫和沉穩的聲音

音質溫和柔弱的女性，大多個性保守、謹慎而內向。她們總是會先考慮別人的立場，而壓抑自己的感情，每每想說出自己的想法，又會先考慮到該如何表達，才會委婉動聽。具有此種聲音的男性，乍看之下非常地老實，其實卻是非常頑固。他們固執己見，絲毫不讓別人扭曲自己的意見，而且也完全不受他人意見的左右。這種人給人的第一印象不太好，但實際上卻是個定性高，不會見異思遷的好幫手。

沙啞的聲音

聲音沙啞低沉的女性，個性比較倔強，儘管外表看起來滿柔弱的。

這類型的人，無論對誰都相當溫柔，但卻不輕易表露其內心真正的想法和感情。

她們在同性中受歡迎的程度不及異性。她們對服裝的品味極佳，也往往具有音樂、繪畫的才能。面對這種類型的人，必須注意不要強迫灌輸自己的觀念。

聲音沙啞的男性，行動力強，即使普通人無法克服的困境，他也會勇敢向前邁進。但對於已決定的事卻又輕率改變的舉動，則令人非常厭惡。

撒嬌、甜膩的聲音

音色略帶鼻音，而又嗲聲嗲氣的女性，大多個性活潑，懷有想和大家親近的強烈欲望，同時也是交際手腕高明的人物，是喜怒哀樂皆不會表現在臉上的厲害角色。但是，過度的忍耐也會使她們有些急躁、憤怒。擁有這種聲音的人就是所謂八面玲瓏的人，不過常常由於過於受到大家的讚賞，反而招致令人厭惡的現象。

男性若發出這樣的聲音，多半是獨生子或在百般呵護下長大的孩子。性格孤僻，獨處時給人寂寞的感覺，辨別是非的能力較差，遇事常常迷惘而無所適從。他們對待女性非常含蓄，絕不會主動發起攻勢，若是一對一地和女性談話時，會特別緊張。因此，這種人在他人眼中會顯得優柔寡斷，做事不乾脆。

柔聲細氣的聲音

這一類型的男性多忠實厚道，胸襟開闊，有一定的包容力和忍耐力，能夠吸取他人的意見和建議為已所用，但同時又不失自己獨到的見解。他們具有同情心，能夠關心和體諒他人。

這一類型的女性則多比較溫柔善良、善解人意，但有時候也因為多愁善感而顯得過於軟弱。

鋒銳嚴厲的聲音

這種人言詞鋒銳犀利，愛好爭辯。談話時，他們一旦逮住對方語言的漏洞就會不留情面地攻擊，絕不給對方留情面。但由於急於找到對方的弱點，他們往往忽略從整體上把握問題的關鍵，從而陷入捨本逐末、鑽牛角尖的處境。

浮躁的聲音

說話浮躁的人多脾氣暴躁、易怒，他們做事常常欠缺周密的思考和完善的計畫，多好意氣用事。與此同時又缺乏耐性，不能循序漸進地穩步前進，而是急於求成。但結果多是不盡如人意，欲速則不達。

從說話習慣、動作破譯對方心靈密碼

許多人在說話時，往往會伴隨著一些動作。這些動作，有的是習慣形成的，有的則是說話的人為了加強說話的效果與語氣等特意做出的。

總之，不少人都有邊說話邊做動作的習慣。而這些動作、手勢等不僅代表著說話者的某些強調或附加的含意，同時，各人所做出的不同動作，還反映著不同人的心理及性格特徵。因此，只要我們留意和細心觀察，便可從說話人的動作中窺探到他們的內心世界，從而了解這些人的性格特徵。

喜歡邊說邊笑的人

邊說邊笑的人大都性格開朗，對生活要求不太苛刻，很注重「知足常樂」，而且特別富有人情味，有極好的人緣，這對他們開拓自己的事業本來是極好的條件，可惜這類人大多喜愛平靜的生活，缺乏一種積極向上的精神，否則這個世界很多東西都該屬於他們。

他們的另一特點是感情專一，對愛情和婚姻特別珍惜，如果你是他最心愛的人，他可以為你犧牲一切。

喜歡碰鼻子的人

這是一種比較世故的做法，或許由捂嘴巴的動作轉化而來。有人在鼻子下方有意無意地輕碰幾下，也有的人用非常不明顯的動作很快地碰一下鼻子，有時候讓人察覺不出。採用這種動作的人是為了掩飾心中的慌亂，或是希望轉移對方的注意力，因為他們覺得自己其他部位更容易曝露出自己正在說謊。

在與人說話時，很喜歡注意自身儀表的人

這樣的人個性比較開朗，行為光明磊落，志向比較高遠，很有開拓精神，凡事都想出人頭地。因此他們有很大決心和很敏銳的靈氣，從來不輕易地說「失敗」這兩個字。他們很容易成為一個成功的人。但是他們往往好大喜功，急於求成。特別是當他們取得成功的時候，往往需要馬上得到報酬。

交談時喜歡不時的抹頭髮的人

這種人大都性格鮮明，個性突出，愛恨分明，尤其嫉惡如仇。他們一般很善於思考，做事仔細，但大多缺乏一種對家庭的責任感。

他們對生活的喜悅來源於追求事業的過程。喜歡奮鬥和冒險，他們是不在乎事情的結局的。他們在某件事情失敗後總是說：「我問心無愧，因為我去做了。」

說話時腿腳喜歡抖動的人

有些人總喜歡用腿或者腳尖使整個腿部顫動，有時候還用腳尖碰打腳尖或者以腳掌拍打地面。這種行為當然不能登大雅之堂，但習慣者總是習以為常。

這種人最明顯的表現是自私，很少考慮別人，凡事從利己出發，尤其是對妻子的佔有欲望特別強，經常會無緣無故地製造一些「醋海風波」，在這個問題上說他們有「神經質」一點也不過分。他們對別人很吝嗇，對自己卻很大方。

說話時喜歡死死盯住別人的人

這種人的支配欲望特別強，而大多數的時候他們確實又都有某種優勢，因此只要有機會，他們就會向別人顯示自己。他們的行為時常看起來像花花公子，但有一點值得肯定，他們的人緣特別好，而且一旦選定了人生的目標就一定會去努力。

喜歡不正視對方的人

相對而坐時，不注視對方，總是垂著頭傾聽，偶爾抬起眼睛看對方一眼，但是，很快就又垂下頭來。這種現象的人以女性居多。一般來說，女性跟男生同坐，都會表現出一種嬌羞、嫻靜心態。但是，當她不抬眼睛，一意傾聽，表示全心信賴對方。如果雙方是一對年輕的人，表示她對他有愛意。只知垂首而聽，表示對對方沒有任何戒心，而且抱有一種「安全感」。

從打招呼的方式透析人的性格

在與人交往時，一般比較重視外表的修飾打扮。其實，在人際關係裡「打招呼」可以說是心理上的「打扮」。打招呼時給人的印象，直接影響到他人對此人的評判。

有時候，即使是一個看似極為簡單的打招呼，也能給我們提供了解對方內心的機會。透過觀察人們打招呼時的言談舉止，我們可以大致推測其當時的心理狀態。

喜歡繞道行走的人

這種人很遠就看到熟人，不但不立刻迎過去，反而向左或向右走去，甚至轉身往回走。出現這種情況是因為心虛，他們一定做過對不起對方的事情；還有一種原因是那個熟人令他厭惡透頂，他們實在不願意打招呼，哪怕是擦肩而過。

喜歡走到對面也不打招呼的人

走到對面也不打招呼的人，如果對方是同學或同事，他們依然不打招呼，說明他們非常孤僻，而且非常自視清高。他們在工作與學習當中經常是孤軍奮戰，雖然勤奮，但常常是欲速則不達的結果。還有一種情況是他們非常繁忙，在走路的時候也不能停下思索，有時候遇到熟人，但倉促間想不起對方的姓名，只好乾瞪眼，或把頭一低繼續趕路。

喜歡目光旁移的人

這種人膽小怕事，害怕見陌生人和進入陌生的環境，而且有著強烈的自卑感，為人處世沒有自信，總是猶豫不決。他們喜歡輕鬆、詼諧的打招呼方式，這樣就不會有恐懼、緊張和防備的心理，交往也能得以順利進行。

女孩喜歡放煙幕彈

女孩子對異性產生好感的時候常常使用這種方式，故意不正眼看人，即使是與她們幾乎撞個滿懷，她們也會快速地把目光轉向別處。她們其實只是放了一種煙幕彈，是在用相反的方式提醒對方她們已經敞開了胸懷。

喜歡直視對方的人

直視對方的人在交往中往往具有攻擊性，想透過打招呼來試探出對方的虛實，並暗自思量如何讓對方佔下風，讓自己在氣勢上壓過對方。同時，也表示對別人的戒心和防衛之心。與這種人打交道要講究策略，首先要做的是保護好自己，不輕易曝露自己的劣勢，否則將被對方看輕，然後，見機採取下一步行動。

見面握手時所表現出的心理特徵

用力與對方握手的人，具有主動的性格和信心；握手的時候，無力地握住對方的手，表示他有氣無力，是性格脆弱的人；在舞會或公共場合，頻頻與生人握手打招呼者，即顯示他的自我表現欲非常旺盛；握手的時候，手掌心冒汗的人，大多數是由於情緒激動，內心失去平衡；握手的時候，如果目不轉睛地注視著對方，其目的是要使對方在心理上屈居下風。

喜歡後退幾步的人

打招呼時，會故意退後幾步的人，也許自認為這是一種禮貌或是謙讓，但別人卻會認為他們是有意拒絕人，故意拉開距離，之所以出現有意識地後退的現象，可能是因為他們有防衛和警戒心理，對交往有所顧忌、恐懼；或者想透過這種讓步空間的方式表達謙虛，讓交往可以順利進行並做深入的發展。

如何識別別人的謊言

小孩說謊時會公開、明顯地用手遮住嘴巴，潛意識是想防止謊話從嘴裡出來。長大後，這種手勢則變得精練而又隱蔽。許多成人會用假咳嗽來掩蓋這種掩嘴姿勢，還有的則是用大拇指按住面頰，或用手來回抹著額頭，女性說謊最常見的是用手撩耳邊的頭髮，似乎企圖把不好的想法撇開。

心理學家研究證明，一個人一開始說謊，身體就會呈現出矛盾的信號：面部肌肉的不自然，瞳孔的收縮與放大，額部出汗，臉頰發紅，眨眼次數增加，眼神飄忽不定等等。說謊者總是希望把體態隱藏起來，所以一個人在電話裡說謊比當面說謊要鎮定從容。

有時，對方談吐的速度、口氣、聲調、用字等，蘊藏著極為豐富的第二資訊，揭開罩在表層的面紗，能探知一個人內心的真實想法。一般來說，如果對方開始講話速度較慢，聲音洪亮，但涉及核心問題，突然加快了速度，降低了音調，十有八九話中有詐。因為在潛意識裡，任何說謊者多少有點心虛，既希望「蒙」住對方又無十分把握。更顯而易見的事實是，如果他在某個問題上支吾其詞，吞吞吐吐，可以斷言他企圖隱瞞什麼。倘若你抓住關鍵的詞語猛追不放，頻頻提問，說謊者就會露出馬腳，敗下陣來。可見，從說謊者的表現可以探知他內心的真實想法，透析一個人的性格。

遮掩嘴巴

當有人在與你說話時，不自覺地時常出現用手掩著嘴的動作。

當說到與之相關的關鍵點時，有人甚至有意假咳嗽以便用手來遮嘴，這時侯就要對這人說話的真實性多加留意。也許他說出的話有詐，也許他在說謊，結合前後的行為表現，你就不難對他做出準確判斷。

當然，這種情況也有「心口不一」的嫌疑。

觸摸鼻子

當一個人說謊後，會有一種不好的想法進入大腦，於是會下意識地指示手去遮捂嘴，但是，到了最後的關頭，又害怕別人看出他在說謊，因此，只是很快地在鼻子上摸了一下，馬上就把手放下來。當一個人不是在說謊，那麼，他觸摸鼻子時，一般是要用手在鼻子上摩擦一會兒，或搔抓一下，而不是只輕輕觸一下。

揉眼睛的人

這個動作有男女之分。女人多半是輕輕摸一下眼瞼的下方，她們怕把眼睛周圍的妝弄壞了；毫無後顧之憂的男人則會用力地揉眼睛，如果謊撒得過大，他們還會把視線轉向別處，較多地是看地面，有時也看周圍的景致，為的是在說謊時避免目光與對方的視線接觸。

抓耳朵的人

這個動作猶如小孩用雙手捂著兩隻耳朵的動作，但對於成年人則顯得比較世故。除此之外，還有的人會搓耳朵、拉耳垂，或是把整隻耳朵按住以掩住耳孔。他們比較膽小，歲數也不大，不成熟的個性讓他們在不經意間表現出兒時的動作來掩飾自己的忐忑不安。

東張西望的人

說謊的時候會東張西望的人通常比較膽小怕事，也就是說他們根本就不會說謊，對於說謊，感覺像做了虧心事似的，而且心中彷彿受到了譴責，同時等待接受對方的懲罰。他們通常善良老實，為人處世都能以誠相待，一般不會說謊，說謊必定有一定的原因，所以他們不是不可以原諒的。

認認真真做其他事情的人

這種人有著非常多的說謊經歷，說謊對他們來說有如家常便飯。他們無論在什麼情況下，都能夠鎮靜地對待說謊，說明他們的外在環境相當惡劣。說謊是他們適應環境的一種方式和謀生手段。他們也有心地善良的一面，但這往往被他們的桀驁不馴所掩蓋。

從說話的聲調看說謊

在判斷一個人說話時的情緒和意圖時，固然要聽他究竟說些什麼，但是在許多情況下更要聽他怎樣說，亦即從他說話時聲音的高低、強弱、起伏、節奏、速度、轉折和停頓中領會「言外之意」。

當說謊是為了掩飾恐懼或憤怒之感時，聲音通常會比較大也比較高，說話的速度也比較快；當說謊是為了掩飾憂傷的感受時，聲音就會與之相反。那種擔心露餡的心理會使聲調帶有恐懼感，那種「良心責備」的罪惡感所產生的聲調效果會與憂傷所產生的極為相近。不過，聲調提高本身並不是說謊的象徵，它只是恐懼、憤怒或激動的象徵。

與此相應，沒有聲調提高的現象也同樣並不意味著沒有說謊。

從說話的停頓看說謊

人在說謊的時候，另一常見的言辭表現便是停頓，如停頓的過於長久或過於頻繁。

產生這類說謊行為的原因主要有兩個，其一，說謊者可能事先未準備好「台詞」，因而可能會在臨場時產生猶豫或錯誤。其二，即使說謊者已經把「台詞」準備得很充分，也可能會由於擔心露餡而臨時怯場，忘了所編的「台詞」；或者由於突發性的意外事件的干擾而產生了情緒波動和思維混亂，一時忘了前後「台詞」間的聯繫。

病態式撒謊

你所說的每一件事都是謊話，包括你的名字、職業、體重、早餐吃些什麼等等。這種情況表示，你是個心理十分不正常的人，但你卻真正相信自己所捏造的一切。雖然你並不清楚自己到底在幹什麼，但這種現象，通常能協助你把自己的魅力和說服力發揮得淋漓盡致。萬一別人發現故事中矛盾的地方，你只會再編造一則更精彩的故事，但最終你不會得到好的結果。

性格的差異折射出言語不同

一母生九子，九子各不同。人與人之間存在著很大的差異，不同的性格的人，往往語言的風格也迥異。語言風格的特色又對性格透視也有著指示作用。

喜歡誇誇其談的人

這種人侃侃而談，做事也常常大而化之，不太注意細枝末節，瑣屑小事從不掛在心上。優點是考慮問題宏博廣遠，善從宏觀、整體上把握事物，大局觀良好，往往在侃侃而談中產生奇思妙想，思想比較前衛，富於創見和啟迪性。缺點是理論缺乏系統性和條理性，論述問題不能仔細深入，由於不拘小節而可能會錯過重要的細節，給後來的災禍埋下隱患。這種人也不太謙虛，知識、閱歷、經驗都廣博，但都不深厚，屬於博而不精一類的人。

喜歡義正言直的人

這種人言詞之間表現出義正言直、不屈不撓的精神，公正無私，原則性強，是非分明，立場堅定。缺點是處理問題不善變通、呆板，認準一個目標，即使是錯的思想，也會執著地走下去，有時為原則所驅而顯得非常固執，但能主持公道，往往受人尊崇，不苟言笑而讓人敬畏。

幾乎什麼都懂的人

這種人知識面廣，隨意漫談也能旁徵博引，各門各類都可指點一二，顯得知識淵博，學問高深。缺點是腦子裡裝的事情太多，系統性差，欠缺思考力，一旦面對問題可能抓不住要領，知識多而不精。這種人做事，往往能想出幾十個主意，但都無法解決問題。如能增強分析問題的深刻性，做到廣博而精深，正確把握重點，則會成為優秀的、博而精的全才。

喜歡滿口新名詞、新理論的人

他們接受新事物很快，而且能付諸於實踐運用於日常生活中，有躍躍欲試、不吐不快的衝動。缺點是沒有主見，不能獨立面對困

難並解決之，容易反覆不定，左右徘徊，個性比較軟弱。如能沉下心來認真研究問題，磨練意志，無疑會成為業務高手。

喜歡平緩說話的人

這種人性格宏廣優雅，為人寬厚仁慈。缺點是反應不夠敏捷果斷、轉念不快，屬於細心思考、長考型人才，有恪守傳統、思想保守的傾向。如能加強果敢之氣，對新事物持公正而非排斥態度，會變得從容平和，有長者風範。

喜歡講話溫柔的人

這種人用意溫潤、性格柔弱、不爭強好勝、權利欲望平淡、與世無爭、不輕易得罪人。缺點是意志軟弱、膽小怕事、雄氣不夠、怕麻煩、對人事採取逃避態度。如能磨練膽氣、知難而進、勇敢果決而不猶豫退縮，則會成為一個外在寬厚、內在剛強的剛柔相濟人物。

喜歡標新立異的人

這種人樂於獨立思考，好奇心強，勇於向權威說不，敢於向傳統挑戰，大膽提出自己的想法，開拓性強。缺點是冷靜思考不夠，易失於偏激，不被人理解，成為孤獨英雄，可利用他們的異想天開式的奇思妙想做一些有開創性的事。

喜歡強詞奪理的人

這類人多是女性，她們喜歡撒嬌，往往具有雙重人格，善於說謊，並因別人為其謊言所蒙蔽而感到得意。

在談話中，從不輕易接受別人的意見，即使自己有錯也從不輕易承認，甚至還找出萬般的理由來推脫搪塞。這種人高傲自大，認為只有自己說的才是對的，常常瞧不起別人。他們個性陰沉，對不贊同自己說法的人會耿耿於懷，懷恨在心。

講話喜歡囉里囉嗦的人

有的人講話不得要領，前言不搭後語，偏離主題，無法掌握重點。

這樣的人凡事都斤斤計較，吹毛求疵，滿腹牢騷。他們缺乏自信，常常掩飾心中的真實想法，說話含糊其辭。不過他們本性是很善良的。

第三章

從服飾裝扮看透人心

Part 03

◆喜歡咖啡色系衣服的人，外表冷靜、內心熱情。他們會習慣腳踏實地地去做每一件事情，縱使遇到挫折也是一個人默默地承受，絕不讓別人看到自己脆弱的一面，在情感的表達上多少讓人感覺有點木訥。

◆喜歡穿拖鞋的人是輕鬆隨意型人的最佳代表，他們只追求自己的感覺和感受，並不會為了別人而輕易地改變自己。他們很會享受生活，絕對不會苛刻自己。

◆連繫領帶這種小事都要人代勞的人，大都心胸豁達而不拘小節。他們或是有某種常人沒有的絕技在身，或是先天具有領袖才能，使他們不會將精力消耗在繫領帶這樣的細節問題上。他們性情隨和，有同情心，朋友甚多，口碑亦好，且夫妻情篤、家庭和睦。

◆喜歡在T恤衫上印有一段幽默標語的人，大多具有一定的幽默感，而且很聰明和有智慧。他們往往能夠得到他人燦爛的笑容，使彼此愉快，營造出輕鬆愉快的氛圍。

從衣著顏色上看性格

每一個人選擇服裝的色彩，總與個性脫不了關係。因為，它總是和一個人當時的心理活動有著一定的聯繫。所以，從其喜愛的顏色上可多少看出他具有什麼樣的性格特徵。

喜歡穿白襯衫的人

這種人缺乏愛情，清廉潔白，是個現實主義者。

白色的優點是與任何顏色都能搭配，當然也能給人一種親切感。但是這類人容易自以為是，對於自己喜歡從事的工作，他會一意孤行地追求和實現。

這類人總會為自己的失誤找出各種藉口，他們與其他人沒有什麼共同話題可言，重要的事情處理後，關於酒色話題一般不參與言論。喜好穿白襯衫的人，總是以工作為人生的目標，是個不折不扣的工作狂，對工作有一貫認真的態度。為了維持自己的「白領」形象，他們無時不在為工作做出努力，他們是上司眼裡的菁英、下屬心中的怪物。

喜歡藍色、藍紫色服裝的人

這種人待人雖溫和，但自尊心強。

喜歡穿這種服裝的人，大多屬精神病或者精神分裂症，其性格是缺乏決斷力、實行力。這類人說話比較囉嗦，缺乏羞恥心和責任感，不善於表露自己的情感，是自尊心非常強烈的人。

要想接近喜歡這類色彩服裝的人，應按部就班，並投其所好。同時在這種人面前不能說別人的壞話，這種人在你說別人壞話時，他會假惺惺地附和你。

喜歡穿黑色衣服的人

喜歡穿黑色衣服的人給人留下神祕、高貴的印象。這類人不太善於社會交際，但假如了解了他的心理之後，你會發現他是個非常有趣的人。這類人性格通常多是溫柔善良，忠厚老實，且具有寬容的氣度。

對人依賴心非常重，是喜歡穿黑色衣服的人的短處。這種類型的人在性格上不喜歡半途而廢，任何事情都要徹底弄明白，看起來好像是個樂觀的人，實際上是為了掩飾內心的不安和恐懼。

喜歡穿黃色衣服的人

一個選擇黃色衣服的人，通常是有著自己獨特見解和想法，富有高度的創作力及好奇心的人。他們心情歡暢、性格外向、精力充

沛、熱愛生活、身心健康、樂於助人、做事瀟灑自如、相當自信，並喜歡幽默，樂於廣交朋友。這類人通常都具有冒險、追求刺激和新鮮的特徵，無法忍受一成不變。

喜歡穿綠色衣服的人

喜歡綠色衣服的人性格外向，個性謙虛平實，善於克制，不愛與人爭論，心緒不易煩亂，很少有焦慮不安或憂愁之感。樂觀並具有青春活力，有寬大胸懷，和善可親是這類人最大的特色，而且他們對於自己不喜歡的人也不會刻意地排斥或疏遠。這類人道德感強烈，個性爽直，而且是聊天的理想對象。

喜歡穿紫色衣服的人

這類人性格內向、多愁善感、敏感多疑，常常焦慮不安，然而往往能夠駕馭和控制內心感情的憂慮和苦惱。這類人通常具有不錯的文化素質和涵養，往往以藝術工作者居多。但是常穿紫色衣服的人又有些自視清高，對於不屬於和他同一領域或層級的人或事情，往往會表現出不屑的態度，容易讓周圍的人覺得他們有矯揉造作之嫌。

喜歡穿棕色衣服的人

這類人有強烈的基本欲望，他們個性拘謹，自我價值觀很強烈，很害怕因為外來因素的介入而改變自己。但在外表及處理事情的態度上，卻給人有一種很大的信賴感。對於人與人之間的利害關係分得很清楚，容易給別人一種冷漠的傾向，但其耿直的個性頗值得信賴。

喜歡穿紅色衣服的人

這類人大都是性格外向、開朗熱情、精力旺盛的行動派，不管花多少力氣或代價也要滿足自己的好奇心和欲望，會對自己專注的和感興趣的事情投入百分之百的熱情。但是他們缺乏耐性，一遇到挫折便會迅速地喪失原有的熱情，情緒變化起伏相當大。他們心直口快，說話做事快而不假思索，從不考慮別人的感受，也不在乎可能產生的後果，而且他們沒有承擔過錯的能力和自我反省的勇氣，習慣把責任歸咎於別人或外在不可抗拒的因素。

喜歡穿咖啡色衣服的人

喜歡咖啡色衣服的人，外表冷靜、內心熱情。他們會習慣腳踏實地地去做每一件事情，縱使遇到挫折也是一個人默默地承受，絕不讓別人看到自己脆弱的一面，在情感的表達上多少讓人感覺有點木訥。

喜歡穿粉色衣服的人

選擇粉色衣服的人多是單純天真的幻想家，有著純潔如白紙般的心境，喜歡做「白日夢」。他們比較感性，處世溫和，常常想讓自己呈現出年輕、有朝氣的感覺，甚至希望在旁人眼中是個高貴的形象，散發著一股讓人看到就很舒服的魅力，但卻有強烈逃避現實的傾向。

從穿衣服的風格來看性格

喜歡短袖或無袖襯衫的人

他們的性格放蕩不羈，但為人卻十分隨和親切，在現實生活中努力追求屬於自己的空間和感情。熱中於安逸享受，既討厭移來移去，又不能老老實實地待在原地保持現狀；辦事總是憑自己的感覺，只要拿定了主意，通常會堅持到底；不墨守成規，經常用自己的慧眼判斷一個人或一件事，但依據是自己的好惡。他們難能可貴之處是謹守分寸，按部就班，在自己拿不定主意的情況下通常是三思而後行，所以儘管任性，但不妄為。

喜好長袖上衣的人

這種人比較傳統，他們堅信長袖上衣才是自己的特徵，也是必須恪守的穿衣準則，不能隨便更改，這正好透露出他們在日常生活與做事過程中循規蹈矩，而不敢有所創新和突破；頭上炎炎烈日，依舊我行我素，則又說明他們有很強的適應能力。他們看重長袖上衣的正式和端莊，這種喜好為他們的人生平添了非常多的理想，名利是他們追逐的目標，同時，他們的人生理想也很高，他們很重視自己在他人心目中的形象，希望得到注意、尊重和讚賞。

喜歡穿流行外衣的人

他們的思想處於沒有完全成熟的階段，還沒有形成自己獨特的審美觀點，無法對事物進行正確的判斷，結果這一點反映在衣著上就是他們不知道哪種款式適合自己，只好看到別人傾向於哪種款式，就盲目地追隨，結果當前流行外衣就成了他們的首選。

衣著整潔、講究，容不得半點馬虎的人

懂得如何利用自己的衣裝博得別人的認同和讚揚，獲得成功是因為他們聰明慧穎。他們特別注意外界的反應，無形當中養成了敏感的性格，為了保持衣著的整潔，他們絕不會輕舉妄動，謹慎小心地邁出每一步，缺乏大膽設想和冒險精神。他們往往為了外表而花費大量的財力、精力和物力，一心一意地只想要贏得別人的目光和誇獎，而幾乎忽略了內在涵養的充實。如果有這樣心儀的對象，則會是相愛容易廝守難。

喜歡寬鬆自然打扮的人

喜愛寬鬆自然的打扮，不講究剪裁合身、款式的人，多是內向型的。

他們常常以自我為中心，而無法融入於其他人的生活圈子裡。他們有時候很孤獨，雖想和別人交往，但在與人交往中，又總會出現許多的不如意，所以到最後還是以失敗而告終。他們多半沒有朋

友，一旦有，就會是非常要好的，他們的性格中害羞、膽怯的成分比較多，不容易接近別人，也不易被人接近。他們對團體的活動一般來說是沒有興趣的。

喜歡色彩鮮明、繽紛亮麗的服裝的人

他們是比較活潑、開朗，單純而善良，性格坦率又豁達，對生活的態度也是比較積極、樂觀向上的人。他們多是聰明和智慧的，這些特性展現在他們有較強的幽默感。同時，他們的自我表現欲望也特別強，常常會製造些意外，給人帶來耳目一新的感覺，以吸引他人的目光。

喜歡追求名牌服飾的人

這類人對生活充滿信心，熱情洋溢，活力四射。但是，他們很可能依附性過強，精神上缺乏獨立性。這樣的人往往有學歷、有地位、有能力，既會大把大把地賺錢，又會大把大把地用錢來裝扮自己。他們愛慕虛榮，內心比較空虛，所以才用那些名牌服飾來填補自己。

喜歡穿進口服裝的人

這種人往往缺乏自信，內心孤獨，情緒不穩定，冷酷無情，與人交往純粹只為利益，沒有一點兒人情味。處於困境時，他會低聲下氣地尋求外援，如果成功地度過難關，他會認為是自己的功勞，一旦失敗，則諉過於人。

喜歡單一色系和款式的人

這類人不論男女老幼，大多性格爽快開朗，富有朝氣，讓人有親切感。他們有著很強的自信心，一旦確立了目標，往往能夠勇敢地邁出實踐的第一步。對待好壞有明顯的態度，而且能夠用自己的眼光區分出其中的好壞，並進行堅決的選擇，不拖泥帶水。他們性格上的最大優點是處事堅決果斷，說做就做，說不做就不做；缺點是驕傲自大，從來不把他人放在眼中，總是堅信自己的一切都是對的，討厭別人對自己的想法和行為指手畫腳，就連權威人士也奈何不了他們。

從選擇內衣的風格上看性格

無論是在百貨公司，還是在路邊小店貨攤，女人內衣已不像昔日那樣養在深閨而人不知了。它們無論在色彩、質地、做工，還是在塑體功能上，都呈現出千姿百態。

也許女人認為挑選內衣是自己的專利，購買和穿著內衣也是一件非常平常的生活小事。其實不然，一件經過千挑萬選的內衣是她們愛好的展現，同時曝露出她們的心理和性格特徵。

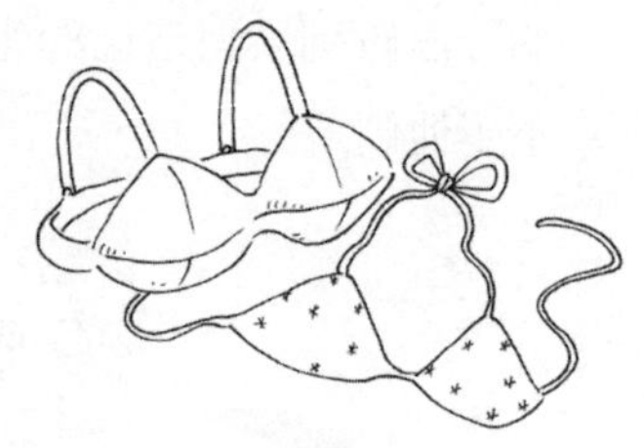

選擇棉質內衣的女人

這種類型屬於乳臭未乾型。總是覺得自己沒有長大，不時地流露出小女孩的頑皮，而此時的她們或許已經成為了孩子的母親。她們喜歡運動，但不一定專指體育活動，而是展現活力的一種方式和要求。在對待自己身體和性愛方面，她們表現得很從容，只要有付出的機會。只要條件許可，不管對方是否死纏著自己，她們很少輕言放棄。

選擇搭配式內衣的女人

這種類型的女人把胸衣、襯衣和褲襪，都當作整體服裝和外貌的一部分，屬於協調類型，處處追求一種和諧與平衡，力求以一種完美的形象出現在大眾面前。她們能把分內之事處理得有條不紊，對生命的態度大公無私，沉著冷靜的性格，讓大獻殷勤的男人捉摸不出自己在她們心目中的位置。

選擇緊身尼龍內衣的女人

這種類型屬於開放型，喜歡曝露，而且想讓情人為你著迷、癡妄，並對自己的身體和所持的開放性觀念引以為榮，性格直率，直言不諱，自己的喜、怒、哀、樂情緒毫無保留地曝露在人們面前。

選擇透明睡衣的女人

這種人外表雖然誘人，但骨子裡依然保持著傳統思想。這樣的女人可能為人妻，為人母，但是仍然願意為婚姻注入興奮劑，因為她們會用那件若有若無的睡衣為平淡的生活增添一分恍惚迷離，受到誘惑的丈夫或情人如同喝下了興奮劑，看到她們永遠風采依舊，結果欲罷難休，增添出戲劇般的效果。

選擇黑色內衣的女人

這種類型的女人是十足的享樂主義者，她們把臥室當成自己的娛樂場所，隨心所欲，而且不對自己的情人有半點隱瞞。黑色內衣的女人最為性感和迷人，並以此為優勢積極主動地尋找情感伴侶。她們在白天可能溫文爾雅，但一到了晚上就會恢復成母老虎的原形。

選擇白色內衣的女人

白色代表純潔，所以這種女人大多屬於守身如玉的類型。她們感情內斂，怯於思想和追求目標，也許是怕玷污了自己的純潔，哪怕是對於強烈的原始性欲，她們都是緊閉著心扉，結果生命過程中的滿足次數寥寥無幾；最在行的是恪守道德準則，將品德視為最重要的人生信條。

選擇睡衣褲和法蘭絨睡衣的女人

你覺得自己不只是一個性的目標，不必穿得很性感，就能夠表現出性感的魅力。此外，你深信男女平等，女性在所有的工作上，都可以和男性一較長短。你非常實際，頭腦清楚得很，買東西更是注重實用價值，而不在意外表美觀與否。你很可能喜歡寬鬆的褲子而不愛裙子，喜歡短襪而不愛長襪，喜歡牙醫而不愛藝術家。

選擇洋娃娃型內衣的女人

你可能年齡不小了，但仍有顆童心。雖然你喜歡表現出一副有點可愛又有點無助的模樣，但這並不是真實的你。你真正喜歡的是有個體貼你，能夠保護你的男人。此外，你也一直保有孩童對世界的好奇與熱情，使你度過了人生最艱難的時刻。

選擇保守式內衣的女人

無論你是年輕人或已成年，如果你買長襯衣、整件式胸衣和高腰褲，表示你對自己的身材感到害臊。不過，這並不表示你對性愛是沉默或拘謹，而是你懷疑自己的魅力。此外，你通常缺乏自信，老愛委屈自己去取悅他人。

從鞋子的風格看性格

鞋子，並不是如我們所想像的那樣，單純地產生保護腳的作用，這只是一方面。在觀察他人的鞋子的時候，我們除了注意其美觀大方外，還可以透過它對一個人進行性格的觀察。

喜歡穿沒有鞋帶的鞋子的人

喜歡穿沒有鞋帶的鞋子的人，穿著打扮和思想認知都很平常，喜歡和大眾打成一片，雖然穿戴整潔，但討厭跟著流行風走和講究時髦，對引人注目的事一點也提不起精神；對於拿定主意的事情，會重拳出擊，但他們很傳統和保守，中規中矩。

喜歡穿細高跟鞋的女人

高跟鞋讓她們氣質優雅、漂亮迷人和出盡風頭，也讓她們啞巴吃黃連——有苦說不出。不過贏得了相當高的報酬率，也是值得的。可是，為了達到既要痛苦又要風度的結果，如此一來，誰都能清楚這些女人有什麼樣的性格和心理。

喜歡穿露腳趾頭的鞋的人

喜歡穿露腳趾頭的鞋的人屬於外向性格的人，而且思想比較前

衛，不僅喜歡炫耀自己的腳趾頭，還有大腿、膝蓋、小腿以及腳踝部位，並有讓全世界都知道自己是個自由主義者的強烈願望，任何約束對他們來說都是一種虐待。他們喜歡結交朋友，只要對方不擺出一副拒人於千里之外的架勢，他們會非常願意伸出友誼之手；做事能拿得起放得下，很灑脫。

喜歡穿運動鞋的人

喜歡穿結實耐用的運動鞋的人，一則朝氣蓬勃，需要不時地顯露一下；二則開始愛美，知道鞋子最美的時候就是最新的時候，同時也知道了鈔票來之不易，於是價廉物美的運動鞋成為他們的首選。總體來說，這種人對生活持積極樂觀的態度，為人親切自然，生活較隨便。

喜歡穿靴子的人

喜歡穿靴子的人有信心但並不是特別強，他們希望靴子為自己造勢，增強自己的信心，讓自己看起來更好；特別是女人，穿著靴跟又高又尖，靴筒又細又高的靴子，足可以和任何一個男人一比高低，而男子見到她們也會投來敬畏的目光。另外，他們很有安全意識，懂得在適當的場合和時機將自己很好地掩蔽起來。

喜歡穿時髦鞋子的人

這種人喜歡追著流行走。穿時髦鞋子的人，有一種觀念，就是只要是流行的就全部是好的，但沒有考慮到自身的條件是否與流行相符合，有點不切合實際。這種人做事時常缺少周全的考慮，所以會顧此失彼。他們對新鮮事物的接受能力比較強，表現欲望和虛榮心也強。

喜歡穿拖鞋的人

喜歡穿拖鞋的人是輕鬆隨意型人的最佳代表，他們只追求自己的感覺和感受，並不會為了別人而輕易地改變自己。他們很會享受生活，絕對不會苛刻自己。

喜歡穿繫鞋帶的鞋子的人

喜歡穿繫鞋帶的鞋子的人，性格多是比較矛盾的，他們希望能有人來安排他們的生活，但對於安排好的一切卻又總想反抗，為了化解這種矛盾，他們多是在尊重他人為自己所做的安排的同時，又尋找自由的空間，以發展自己，釋放自己。

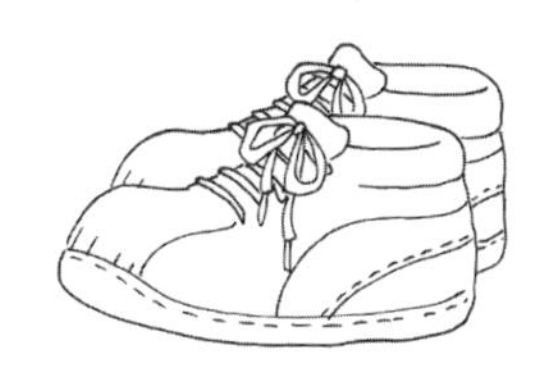

從化妝風格觀察對方

「愛美之心，人皆有之。」、「女為悅己者容。」隨著物質文化的發展，人們生活水準的提高，越來越多的人加入了化妝這支隊伍當中，而且由於高科技的加入，使得每一個人的原貌更加失真。但是萬變不離其宗，不管人們如何刻意打扮自己，他們的真實性格是無法掩飾或深藏不露的，相反地是欲蓋彌彰，化妝將他們的性格更加清晰地顯露出來。

喜歡淡妝的人

這種人沒有太強的表現欲望，但他們對生活的追求很多，常有一種「命裡有時終需有，命裡無時莫強求」的宿命論。萬事則以順其自然的態度處之。他們大都屬於聰明和智慧的類型，不會將時間和精力都耗費在梳妝枱前；往往有著自己的設想，而且也有為理想奮鬥的行動和勇氣，所以較多能獲得成功。他們擁有的祕密，甚至會珍藏一生也不向他人透露；最希望的是別人尊重他們，對他們的難言之隱給予支持和理解。

喜歡濃妝的人

與喜歡淡妝的人相比，此類人表現欲望更加強烈。他們總希望用一種極端的方式吸引他人的目光，而異性的欣賞往往使他們心甜如蜜。前衛和開放是他們的思想特徵，他們對一些大膽和偏激的行為保持漠然的態度，但是他們待人真誠熱情，不會拐彎抹角，相當坦率，雖然也會有一些惡意的指責，但是他們仍能夠以德報怨，尊重他人。

不喜歡化妝的人

這種類型的人信奉的是「清水出芙蓉，天然去雕飾」的觀點，而這種出自大自然之手的美往往會給人一種耳目一新的感覺。他們看待問題從不停留在表面，會靜心地探究事物的實質，看人也是用自己的眼光去剖析，但他們沒有偏見，對人對事都保持公平的態度，善於息事寧人，深受他人的歡迎。

從小就開始化妝的人

這種人會將自小養成的那套化妝理論和方法延續到成年，甚至中年和老年。其實這是一種懷舊心理使然，美好的過去讓他們回味無窮，忘記現實中的煩惱和不如意，但他們依然保持頭腦清醒，不會沉迷其中而忘記現實。他們講究實際，會極力把握住現在的所有；他們熱情善良，善解人意，擁有很多可以推心置腹的朋友。由於容易滿足，他們難以享受時代發展所帶來的刺激和美好。

將大部分時間花費在化妝上的人

為了完成自己的目標不惜花費巨大代價，任何事情都追求盡善盡美，屬於典型的完美主義者，他們做事大多能持之以恆。之所以傾盡一切，也要使自己的容貌達到自己滿意程度，最主要的是他們對自己的才智和財力都有十足的把握，卻對自己的外貌沒有多少自信，所以在這方面會花費大量時間、精力甚至金錢，但由於太注重外表形象，反而給人一種膚淺的感覺。

執著於某一處的人

這種人通常對自己有相當清楚的認識，對自己的優點和缺點知道得一清二楚，善於揚長避短。他們對自己充滿了信心，相信經過努力就會實現自己的理想，所以會腳踏實地地向著自己設定的目標前進。他們講究實際，注重現實，不會沉湎於虛無縹緲的幻想之中。他們遇事鎮靜沉著，對事情的判斷堅決果斷，但不能縱觀全局的弱點往往使他們收穫甚微。

喜歡化怪妝的人

他們並不是標榜自己有多麼的美麗，只是把這種妝當成宣洩感情的一種方式。他們通常具有強烈的反抗心理，主要是自小受到家庭的溺愛，總是要求說一不二，但現實生活只會使他們失望，所以用一些非常規的思想和行為與社會分庭抗禮，但往往是失敗多於成功。

喜歡化自然妝的人

他們多是比較傳統和保守的，思想有些單純，富有同情心和正義感，但不夠堅強，在挫折和打擊面前常會顯得比較軟弱。他們為人很真誠，從來不會懷疑他人有什麼不良動機。

喜歡化異國色彩比較濃重的妝的人

這種人想像力豐富，藝術感強，有很強的創造性思維，希望自己能夠成為一個藝術家。他們嚮往自由，渴望過一種完全的無拘無束的生活。他們常常會有許多獨特的，讓人吃驚的想法，是個完美主義者。

手提包彰顯個性

包包是人們在工作、學習和生活當中非常重要的一件物品。現在，很多人無論走到哪裡，都是包不離身。的確，正是因為手提包具有如此非同尋常的作用，所以，它們可以向外界傳達一定的資訊，讓外界透過手提包來認識手提包的主人。

手提包裡的東西擺放亂七八糟的人

這種人沒有一點規則，要找一件東西，需要把手提包內的所有東西全部倒出來，這樣的人可以看出他們的生活是雜亂無章的，奉行的是「無所謂」的隨便態度。這一類型的人做事多比較含糊，目的性不明確，但對人通常都較熱情和親切。由於無所謂的生活態度，常常使生活陷入難堪境地。和這一類型的人相識、相交都比較容易，但是分開也不難。

喜歡休閒式隨身包的人

這種人工作有很大的彈性，自由活動的空間比較大，正是由於這種天生的性格，這類人大多很懂得享受生活。他們對生活的態度比較隨便，不會過分苛刻地要求自己。他們比較積極和樂觀，也有一定的進取心，能有效地安排工作、學習和生活，做到勞逸結合，在比較輕鬆愜意的氛圍裡把屬於自己的事情做好，並取得一定的成就。

喜歡有小把手的方形或長方形的手提包的人，還有一些人喜歡把隨身包當成一種裝飾品，並不奢求它有過多實用性，喜歡這一款式包的人，大多沒有經歷過什麼磨難，他們比較脆弱，遇到挫折容易妥協和退讓。這種手提包外形和體積都相對比較小，使用起來並不是特別的方便。

喜歡中型肩帶式隨身包的人

這種人個性比較獨立，但在言行舉止等各個方面卻相對比較傳統和保守。他們有一定相對的自由空間，但不是特別的大，交際圈比較狹窄，朋友也不是很多。

喜歡具有濃郁的民族風格、地方特色的隨身包的人

這種人具有較強的自主意識，是典型的個人主義者。他們個性突出，往往有著與他人截然不同的衣著打扮、思考方式等等。他們在人際交往過程中不善於營造和諧、融洽的氣氛，顯得與他人格格不入，所以維繫較好的人際關係有些困難。

喜歡超大型隨身包的人

這種人性格多是那種自由自在、無拘無束的，容易與他人建立某種特別的關係，但是關係一旦建立以後，也會很容易破裂，這或許是由於他們的性格使然。他們對待生活態度比較散漫，缺乏必要的責任感，雖然他們自己感覺無所謂，但這種不負責任的態度卻並不是所有人都能容忍和接受的。

喜歡金屬製隨身包的人

這種人多是有較敏感的時尚觀念，能夠很快跟上流行的腳步，他們對新鮮事物的接收能力也是很強的。但是這一類的人，在很多時候總是吝嗇於付出自己的財力、物力、情感等，而總是希望別人能夠更多地付出。

喜歡中性色系手提包的人

這種人的表現欲望並不是很強烈，他們不希望被人注意，目的是減少壓力。他們凡事多持得過且過的態度，比較懶散。在對待他人方面，也喜歡保持相對中立的立場。

喜歡把手提包當成購物袋的人

這種人多是希望尋找捷徑，企圖在最短的時間內以最少的精力把事情辦成的人。他們很講究做事的效率，但做起事來又比較雜亂無章，沒有一定的規則，很多時候並不能如願以償。他們的性格多比較隨和親切，有很好的耐性，滿足於自給自足。在他們的性格中，感性的成分要比理性成分多一些，做事有些喜歡意氣用事，獨立能力比較強。

喜歡隨身包是公事包的人

選擇公事包可能是出於工作的一種需要，但在其中多少也能透露一些個性的特徵。這樣的人大多生活態度比較嚴肅，辦事較小心和謹慎，他們不一定不苟言笑，即使是有說有笑的人也會相當嚴厲。當然，他們對自己的要求往往更高。

不喜歡攜帶隨身包的人

這種類型的人要分兩種情況來反映其個性特徵：可能是因為他們比較懶惰，覺得帶一個包是一種負擔，太麻煩了。還有一種可能是他們的自主意識比較強，希望獨立，而手提包會在無形當中造成一些障礙。兩種情況都把隨身包當成是一種負擔，可以間接反映出這種人的責任心並不是特別的強，他們不希望對任何人、任何事負責任。

領帶透視男人魅力

西服，自誕生那日起就成為男人服飾中的佼佼者，而且這個地位一直到今天也沒有動搖。每一個男人都可以依據自己的喜好進行選擇，而且不用花太多的精力。但是有一件輔助飾物卻讓男人大傷腦筋，那就是領帶。領帶的作用類似於女士們的絲巾，但男人的行事原則和人品秉性卻可以完完全全地展現在領帶打法與顏色的搭配上。若仔細觀察周圍的男人，便不難發現他們「本色」的蛛絲馬跡！

領帶結又小又緊的人

如果有這種喜好的男人身材瘦小枯乾，則說明他們是有意憑藉小而緊的領帶結，讓自己在他人匆忙的一瞥時顯得「高大」一些。如果他們並無體形之憂，則說明是在暗示他人最好別惹他們，他們不會容忍別人對自己有半點的輕視和怠慢。這是器量狹小的表現，由於生活和工作中謹言慎行，疑心甚重，他們養成了孤僻的性格。他們凡事大多先想自己，熱中於物質享受，對金錢很吝嗇，一毛不拔，結果幾乎沒有什麼人願意和他們交朋友，他們也樂於一個人守著自己的陣地，孤軍奮戰。

領帶結不大不小的人

男人配上這種領帶都會容光煥發，精神抖擻，因為他們可以獲得了心理上的鼓舞，會在交往過程中注重自己的言談舉止，彬彬有禮，一副謙謙君子形象。由於認識到領帶的作用，他們在打領帶結的時候常常一絲不苟，把領帶打得恰到好處，給人以美感。在生活中，他們安分守己，把大部分的精力放到工作當中，勤奮上進。

領帶結既大又鬆的人

喜歡打這種領帶結的男人展現的風度翩翩絕不是「偽裝」出來的，而是貨真價實，是他們豐富的感情所嶄露出的風采。他們生活態度積極，個性灑脫，不喜歡拘束，積極拓展自己的生活空間，主動與他人交往，練就高超的交往藝術，在社交場合深得女人的歡心和青睞。

領帶綠色、襯衫黃色的人

綠色象徵生命和活力，是點綴大自然的最美妙色彩；金色代表收穫和金錢，是財富與權勢的徽章。這樣搭配領帶和襯衫的男人富有活力與朝氣。他們有想法，有行動，不喜歡拖泥帶水，對事業充滿信心，不過有時魯莽衝動，自控能力較差。

領帶深藍色、襯衫白色的人

「藍領」代表職工階層，「白領」代表管理階層，能將二者融合到一起，上下兼顧，確實不是常人所為。喜歡這樣裝飾的人少年老成，同時不乏風度翩翩。由於視野寬闊，白領的誘惑遠遠超過藍領，所以他們對薪資特別專注，事業心極重，結果在奮鬥過程中常常出現急功近利的表現。

領帶多色、襯衫淺藍色的人

五彩繽紛是人們對美好事物的形容，充滿了迷離和誘惑，普通人和勤奮的人往往對此敬而遠之，所以選擇這種領帶和襯衫的人擁有一股市井脾氣，熱中於名利。在愛情方面見異思遷的他們對愛情往往不能專心致志，追逐的目標總是頻繁更迭。

領帶黑色、襯衫白色的人

黑白分明是一種顏色的搭配，也是一種人生態度，所以喜歡這種打扮的人多為穩健老成之士。由於生活閱歷豐富，看得多，感悟也多，他們懂得什麼是人生的追求。善於明辨是非，他們信奉「善有善報、惡有惡報」，正義在他們身上得到了最大的展現。

領帶黑色、襯衫灰色的人

這種類型的人器量狹小，性情憂鬱，通常會露出一臉苦相，從而影響到周圍人的情緒。

領帶紅色、襯衫白色的人

喜歡這種裝束的男人有如火一樣的熱情和如水般純潔的心靈。紅色象徵火焰，代表奔放的熱情，更是一種積極和主動的人生態度，所以男人選擇紅色領帶，無異於想追逐太陽的光輝，以使自己成為關注的焦點。他們本應該屬於充滿野心的類型，但白色代表純

潔，是和平與祥和的象徵，白色襯衫讓別人對他們刮目相看，見到他們如火一樣的熱情和純潔的心靈。

領帶黃色、襯衫綠色的人

喜歡這種裝束的人很懂得策劃自己的人生，並能付諸於實踐。他們流露出的是詩人或藝術家的氣質。他們相信付出就會有回報，對自己的理想充滿信心；他們與世無爭，性情柔順，對人和藹可親。

不會繫領帶的人

連繫領帶這種小事都要人代勞的人，大都心胸豁達而不拘小節。他們或是有某種常人沒有的絕技在身，或是先天具有領袖才能，使他們不會將精力消耗在繫領帶這樣的細節問題上。他們性情隨和，有同情心，朋友甚多，口碑亦好，且夫妻情篤、家庭和睦。

帽子遮不住思想

帽子不僅有禦寒的功能，它還是一種戴著美觀，給人樹立某種形象的東西。世界各地都在生產形式各異的帽子，出入任何一家娛樂場所、大型飯店餐館，都會看到衣帽間的牌子，這說明帽子對於一個人來說有著很重要的用途，它可以幫人建立某種形象，使人的個性在眾人面前得以展現。

選擇禮帽的人

戴禮帽的人所穿的皮鞋往往擦得鋥亮，所穿的襪子也一定給人厚實的感覺，總認為自己穩重而有紳士風度，他們的願望是讓人覺得自己散發著沉穩和成熟的風格。在別人面前，他們經常表現得熱愛傳統，喜歡聽古典音樂和欣賞芭蕾舞等，與流行音樂無緣，他們努力讓人覺得自己穩重，有紳士風度。

他們心底很清高，有些自命不凡，認為自己是做大事的人，進入任何一個行業都應該是主管級的人物，對個人前途有遠大的抱負。可惜他們過分保守並且缺乏冒險精神，循規蹈矩，按部就班，成就並不大，所做的事業也不是非常的順心。

在友情上，他們的朋友會覺得他們保守、呆板、不容易說真心話，不知變通，甚至城府頗深。他們和任何一個朋友之間的友誼都不能保持應有的深度，所以很難找到真心的朋友。

選擇旅遊帽的人

戴這種帽子的人多半是用來裝扮自己，以投射某種氣質或形象；在某些情況下，戴上它還可能是另有企圖，用來掩飾一些他們認為不理想或者有缺陷的東西。

他們不是心底誠實的人，在事業上善於投機鑽營，有時也能收到不錯效果。但「日久見人心」，最終也會被上司看穿；凡事遮遮掩掩，不肯以真面目示人，真正了解他們的人少之又少，一般人所看到的只是他們的表面。

由於他們過度聰明，往往恃才傲物，自以為是，在別人面前一副誠懇實在的模樣，以為自己做得天衣無縫，其實別人早已看出他們是個不可深交的人。因此他們真正的朋友不多，有也多是在做表面文章，面和心不和。即使他們能看出自己的缺點，但由於本性所致，終究還是那副德性。

選擇鴨舌帽的人

通常有點年紀的人才戴鴨舌帽，它顯示出穩重、做事忠實的形象。

如果男人喜歡戴這類帽子，則他通常自我感覺良好，認為自己有大局觀，他自以為是老練的人。實際上在與別人打交道時，就算對方胸無城府，他還是喜歡與別人兜著圈子玩，即使把對方弄得暈頭轉向，也不直接說出他的心思。並且他很欣賞自己的「腳踏實地」，認為自己絕不虛浮。

他是個會自我保護的人，不願輕易讓別人了解他的內心。如果他想知道別人的祕密，就會拐彎抹角地套話，而不是開門見山，光明正大地表示自己的態度。他不是個攻擊型的人，卻是個很會保護自我的防守型的人，所以他很少傷害別人，但也不容許別人傷害他。

這類人很會聚財，相信艱苦創業才是人生的本色，多勞多得是他的客觀信條，他從不相信不勞而獲或少勞多獲。並且對自己累積的金錢十分珍惜，不會亂花一分錢。

選擇彩色帽的人

這類人清楚在不同的場合，不同顏色的服裝，應該戴不同色彩的帽子。說明他是個天生會搭配衣著的人。他喜歡色彩鮮豔的東西，對時下流行的東西非常敏感；他希望人家說他的生活過得多姿多彩，懂得享受人生，並且總是以先驅者的身分走在時代前列。

這類人害怕寂寞，因為他精力旺盛，朝氣蓬勃，那顆不甘寂寞的心，總是使他躁動不安。他經常邀請夥伴們一起玩耍高呼：「人生得意需盡歡」。然而，曲終人散的時刻，他們會品嚐到更多的寂寞和痛苦。對於工作，他們的隨意性比較大。當他熱情起來時，就像有用不完的精力；一旦感到無聊時，空虛感馬上襲滿他的心頭。

選擇圓頂帽的人

這純粹是一副老百姓的寫照，他們大多外柔內剛，表面上對人唯唯諾諾，實際上卻對別人的言行有牴觸心理；對任何事情都感興趣，但從不表達自己的看法，即使有看法也是附和別人的論點，好

像這類人沒有自己的想法似的。

從本質上講，這種男人忠實肯幹，他相信付出終有回報的道理。在他平和的外表下，有執著的觀點。他相當痛恨不勞而獲的人，相信「君子愛財取之有道」，對不義之財他從來不染指，是別人眼中的「老實人」。

在工作中，做每一件事情他都會全力以赴，投入巨大的精力和熱情；對於報酬，他只拿屬於自己的那一份，也因此得到了別人的尊重。在選擇朋友方面，他們深信「道不同，不相為謀」的古訓，除非與他有相同志趣的人，否則很難深交。

從T恤風格看人的個性

如今，服裝設計的理念不斷地在演變，消費者對服裝的品味追求越來越高，樣式也多種多樣。T恤已經成了一種最普遍而且最受歡迎的服裝，男女老少皆宜。在過去，T恤只是用來保暖和家居的內衣，可是現在，它卻演變成了一面公眾告示牌，可以任由自己在上面隨便記錄或發表各種情緒和想法。所以，選擇什麼樣的T恤，就可以更直接而情楚地看出一個人具有什麼樣的性格。

選擇沒有花樣的白色T恤的人

習慣於選擇沒有花樣的白色T恤的人，多有自己比較獨立的個性，他們不會輕易地向世俗潮流低頭。他們往往具有一定程度的叛逆性，但形成這種性格並沒有恰當的解釋，因為這是一種刻意的選擇，表示自己的與眾不同，不隨波逐流，但表現的形式往往不是特別的明顯和恰當。

選擇沒有花樣的彩色T恤的人

喜歡選擇沒有花樣的彩色T恤的人，自我表現欲望並不是特別的強烈，他們甚至是可以甘於平凡和普通，做一個沒沒無聞的人的。他們多比較內向，不太愛張揚，而且富有同情心，在自己能力許可的條件下，會去關心和幫助他人。

選擇T恤上印上自己名字的人

喜歡在T恤上印上自己名字的人，具有樂觀、開朗的性格，思想多是比較開放和前衛的，能夠很輕鬆地接受一些新鮮的事物，他們對一些陳舊迂腐的老觀念多是抱持一種相當排斥的態度。他們大方秀出自己的名字，無疑打開了通往心靈深處的大門，傳遞發自心底的呼喚友誼之聲；喜愛結交朋友，為人真誠和熱情，所以通常會有比較不錯的人際關係。他們的自信心還是很強的，有一定的隨機應變能力，在不同的情況下，能夠及時地做出應對策略。

選擇印有明顯畫像T恤的人

喜歡穿印有各種明星的畫像及與之有關的東西的人，多是追星族，他們對那些人有無限的崇拜，並且希望自己有朝一日能像他們一樣。他們很樂於向別人表達自己的這種心理。

選擇T恤上印有幽默標語的人

喜歡在T恤衫上印有一段幽默標語的人，多具有一定的幽默感，而且很聰明和有智慧。他們往往能夠得到他人燦爛的笑容，使彼此愉快，營造出輕鬆愉快的氛圍。另外，他們也是具有很強的表現欲望的，希望自己能夠吸引別人的注意。

選擇穿印有學校名稱或大企業的標誌裝飾的T恤的人

這一類型的人熱愛團體，注重團隊精神，多比較希望他人知道自己的身分，並且對自己所在的公司和企業具有一定的感情。他們希望能夠以此為發展的基礎，吸引一些志同道合的人。

選擇有著名景點的風景的T恤的人

這一類型的人對旅遊總是情有獨鍾的，他們的性格多是外向型的，對新鮮事物的接收能力很強，而且具有一定的冒險精神。自我表現欲很強，希望把自己所知道的一切都傳達給他人。

從所戴的手錶觀察對方性格

隨著社會化程度的加深，「時間就是金錢」的理念越來越為人們所接受。「一寸光陰一寸金，寸金難買寸光陰」，這是在說時間的寶貴，時間在不知不覺中悄悄地流逝，不同的人對此會有不同的感覺。有的人視若無睹，而有的人卻表示深深的惋惜，然後抓緊利用每一分鐘去做一些有意義的事情。一個人對時間持什麼樣的看法，這很大程度上是由人的性格決定的，而時間對人具有什麼樣的影響，很多時候又透過所戴的手錶傳達出來。時間靠手錶這種具體的形式展現給大家，而對手錶的選擇則又表現了一個人的性格。

喜歡戴電子錶的人

有一種新型的電子錶，只要按一下顯示時間的鍵，就會出現紅色的數字；如果不按，則表面上一片漆黑，什麼也看不見。

喜歡戴這一類型手錶的人多是有些與眾不同的特別之處的。他們獨立意識強烈，從來不希望受到他人的約束和控制，而是自由自在，無拘無束地去做自己想做並且也願意去做的事情。他們善於掩飾自己的真實情感，所以一般人不能輕易接近去了解他們，外人很難進入他們的內心世界，更無法窺透到他們諱莫如深的喜怒哀樂，所以不願主動的接近他們。

喜歡液晶顯示型手錶的人

這種人在生活中多比較節儉，知道精打細算。而且他們的思維單純，對簡捷方便的各種事物比較熱中，而對於太抽象的概念則難以理解。他們在為人處世各方面都多持比較認真的態度，不是顯得特別隨便。

喜歡戴鬧鐘型手錶的人

他們大多對自己要求比較嚴格，總是把神經繃得緊緊的，不允許自己有半點的鬆懈，時刻準備出擊。

這一類型的人雖算不上傳統和保守，但做事有一定的規律性和原則性，他們在爭取成功的過程中任何一件事都是以相當直接而又有計畫的方式完成的。他們有責任心，有時候也會刻意地培養和鍛鍊自己在這一方面的能力。同時，他們還有出色的領導和指揮才能。

喜歡戴具有幾個時區手錶的人

他們多是有些不切實際的，常常憧憬在自己編造的幻想中。他們有一定的聰明和智慧，但一切都止於想像而已，不會去付諸實踐；做事常三心二意，這山望著那山高，在一些責任面前，常以逃避的方式面對。

戴古典金錶的人

他們多是具有豐厚的物質基礎，可以過著衣食無憂的幸福生活，是個有發展眼光和長遠打算的人。他們絕對不會為了眼前一些即得的利益而放棄一些更有發展前途的事業。他們心思縝密，往往

有很好的預見力，而且很成熟，凡事看得清楚透徹。有寬容力和忍耐力，又很重義氣，能夠與家人朋友同甘共苦，生死與共。他們有堅強的意志力，從來不會輕易向外界的一些困難和壓力低頭。

喜歡懷錶的人

這種人多對時間有很好的控制能力，雖然他們每天的生活都是忙忙碌碌的，但卻不是時間的奴隸，而是懂得如何在有限的時間裡放鬆自己尋找快樂。這說明他們善於控制和把握自己，適應能力比較強，能夠有效地調整自己的心態。他們多有比較強的懷舊心理，樂於收集一些過往的東西。他們言談舉止高雅，可以顯示出一定的文化修養。他們有比較濃厚的浪漫思想，常會製造一些出人意料的驚喜。他們為人處世有耐心，很看重人與人之間的友情。

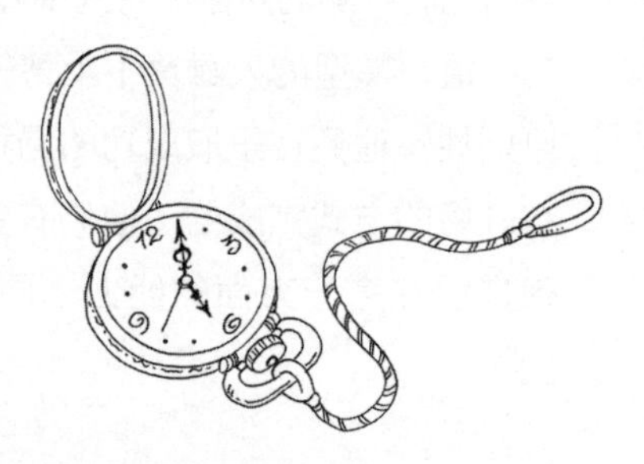

喜歡戴上發條的錶

這一類型的人獨立意識多比較強，他們自給自足，而且凡事事必躬親，不喜歡別人的插手。他們樂於做那些可以立竿見影就見到成果的工作，他們不希望一切都是輕而易舉就獲得的，這樣反而沒有了意義和價值，他們也不希望得到他人過多的關心、照顧和寵愛。

不喜歡戴手錶的人

這種人大多有比較獨立自主的個性，不喜歡別人在身邊對自己比手畫腳，而只喜歡做自己想做並且也願意去做的事情。他們的隨機應變能力比較強，頭腦靈活，能夠及時地想出應對的策略，而且非常樂於與人結識和交往。

從戒指探析心靈

大多時候，一個人的雙手都曝露在外，因此無形中洩漏了個人的許多個性，而戴在手上的戒指，更加直接地曝露了自己的個性方式。戒指與人們的生活聯繫得越來越密切，如青年男女訂婚或結婚，沒有戒指是不行的，人的性格往往濃縮在一只小小的戒指之上。

樂於戴結婚戒指的人

隨著物質生活水準的提高，加之結婚是人的終生大事，所以人們認為結婚戒指越大、越華麗，製作越精細，就越代表愛之深，其實這是比較心理使然。所戴的戒指大且昂貴，雖然可以顯示出他們高貴和美麗，但也說明了他們的表現欲望和財富欲望非常強烈。如果他或她把結婚戒指鬆鬆地戴在手指上，通常說明他們很不可靠，可能在不自覺中對婚姻提出質疑，婚姻恐怕不能持久。

樂於戴生肖戒指的人

喜愛戴生肖戒指的人知道不同星座的人佩戴不同類型的戒指。他們認為如果配合恰當的話，不僅會帶來好運，還會增添許多機會。他們非常相信命運，認為許多自己無法操縱的事是上天注定的，所以處事消極。他們內心熱忱，外表怯懦，喜歡結交非常多的朋友，希望藉這樣的戒指向他人傳遞自己的訊息，希望他人能夠理解和注意到他們，同時也表達出希望結交他人的願望。他們能夠積極主動地去關注他人，但由於對外界存有戒備心理，所以在實際行動中的表現很少。

在事業方面，他們缺乏創業的勇氣，因此認為打工是不得已的選擇。他們的野心不大，而且對生活的要求並不高，所以能夠知足常樂。

樂於戴小戒指的人

小戒指雖然沒有大鑽戒那樣氣派與高貴，但同樣能增添美感，這是因為他們知道何時何地需要表現自我。這是他們適應生活的一種方式，也是對生活採取的一種認真態度。他們的創造力很強，而且想像力也非常豐富，但他們的天才都保存在大腦當中，因為現實生活很少為他們提供發揮的時機，而他們又不甘寂寞，所以逢人就會傾訴自己的滿腹苦衷。

樂於戴鑽戒的人

一般是當今社會上層人士，也是最引人注目的一族，而他們也非常希望向他人招搖和顯露。無論如何他們不是那種「財不露白」的擁護者，很想讓人知道自己是不是有錢人，同時也希望擁有上流階層的待遇。他們常常脫離現實而陶醉在以往的輝煌當中，所以很難成為特別出眾的人物。

樂於戴精工細琢的戒指的人

這種按照他們意圖設計和製作的戒指通常相當複雜，而且獨具特色，說明了他們對小小的戒指懷有深情。他們善於表現自我，為了能讓自己在大庭廣眾中拋頭露面，會絞盡腦汁，有時會興師動眾。他們不喜歡一成不變，所以生活與工作當中處處追求標新立異，期望用自己的獨特風格使自己成為他人眼中的焦點。

不戴戒指的人

他們追求自然舒適和自由自在，可以毫無顧慮地表達自己對他人的想法。而且非常自信以自己平時的言行和成績奠定了在別人心中地位，所以不需任何修飾。但有時我行我素，聽不進他人的告誡，經常會碰壁和碰釘子。他們雖富足，但崇尚一種田園式的生活，對鬧市囚籠式的生活有反感傾向。

樂於戴俱樂部的戒指的人

戴俱樂部的戒指，表示他認同某個團體。他之所以會如此，是為了讓別人對他有所印象，同時加強自己的自尊心。事實上，大多數人都不熟悉這類戒指，但這並不會阻礙他在這個社團中力爭上游。

樂於戴圖章戒指和家族徽章的人

他藉用家系讓人留下深刻的印象，希望別人因注意整個家族，而忽略了其中某一成員。且不談他的現狀，他總有成疊成串的歷史來提升他的形象。

樂於戴手工戒指的人

他的戒指可能佔滿了整根手指，不過這只戒指並不發光，而且也不需要發光。它的獨特與複雜的設計，不需絢麗的外表，就可以成為話題。一只這樣的戒指，反映出他的內心世界也同樣複雜。為了讓別人認識他，他會強迫對方花更多心思看看他。他積極樹立自己的流行時尚，而且有信心成功。

樂於同時戴好幾個戒指的人

如果他在每一根手指頭上都戴一枚戒指，那說明他正深受物質、精神和美學等動機所左右。表現欲望強烈，有意無意間讓人家知道其憂慮，喜歡發表自己的意見。但不幸的是，他的思想價值在人群中迷失了，到最後他不過是俗麗和刺眼的代表。雖然戴好幾個戒指的起因是猶豫不決，但這些戒指看起來實在很像一套金屬指節環。因此，他一定有個特點：那就是相當保護自己。

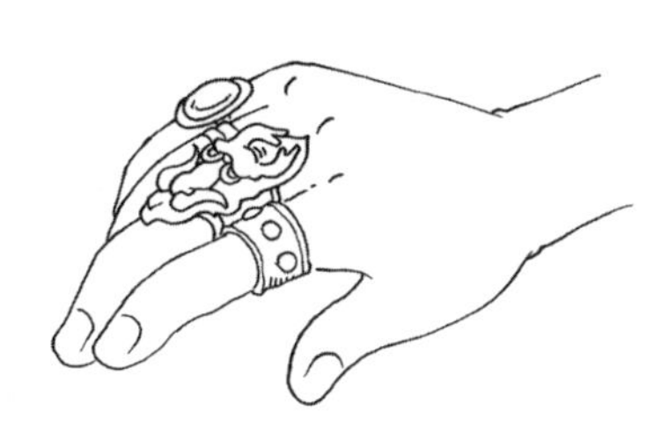

第四章

從行為舉止看透人心

Part 04

◆兩膝蓋併在一起，小腿隨著腳跟分開成一個「八」字樣，兩手掌相對，放於兩膝蓋中間。這種人特別害羞，多說一兩句話就會臉紅，他們最害怕的就是出入社交場合。這類人感情非常細膩，但並不溫柔，因此常令人莫名其妙。

◆不管後面是否有人跟蹤，是否發生了什麼動靜，這種人走路時總喜歡頻頻回頭。他們一般很難相信別人，如果他們在經營某項事業，必定獨攬大權，不輕言授權。

◆握手時的力量很大，甚至讓對方有疼痛的感覺，他們多是逞強而又自負的。這種人性格外向，爽快，辦事講究效率，但有時過於急躁。

◆食量比一般人要少，但是，始終面色紅潤，終年無病。這種人個性溫厚，樂觀進取，從不知憂愁為何物；開朗熱情，跟任何人都能做朋友，講義氣，肯為別人效犬馬之勞。

◆只是憑著自己的感覺進行烹飪，這一類型的人多比較善變，常憑著一時的衝動感情用事，禁不起意外打擊，脆弱的感情會使他們一蹶不振。

從坐姿透視其內心

俗話說：「坐有坐相，站有站姿」，一個人的舉手投足完全能看出其修養與品味，也可以看出一個人的性格特徵。

喜歡自信型坐姿的人

自信型的人通常將左腿交疊在右腿上，雙手交叉放在腿跟兩側。他們有較強的自信心，非常堅信自己對某件事情的看法。

他們的天資很好，總是能想盡一切辦法並盡自己最大的努力去實現自己的理想。雖然他們也有「勝不驕、敗不餒」的品行，但當完全沉醉在幸福之中時，偶爾也會有些得意忘形。

這種人很有才氣，而且協調能力很強，在團體和組織裡往往充當的都是主管的角色。並有能力讓周圍的人心甘情願做事。

不過，這種人有一個不好的習性，那就是較易見異思遷，「這山看著那山高」。

喜歡溫順型的坐姿的人

溫順型的人坐著時喜歡將兩腿和兩腳跟緊緊地併攏，兩手放於兩膝蓋上，端端正正。這種人一般性格內向，為人謙遜，對於自己的情感世界很封閉，哪怕與自己特別傾慕的妻子在一起，也聽不到他們一句「熱情」的語言。這種坐姿的人常常喜歡替別人著想，他們的很多朋友對此總是感動不已。正因為如此，他們雖然性格內向，但他們的朋友卻不少，因為大家尊重他們的「為人」，此所謂

「你敬別人一尺，別人敬你一丈」。

在工作上，這種人雖然行動不多，但卻踏實認真，他們能夠埋頭為實現自己的夢想而努力。他們堅信的原則是「一分耕耘，一分收穫」，也因此他們極端厭惡那種只知道誇誇其談的人。

喜歡古板型坐姿的人

坐時兩腿及兩腳跟併攏靠在一起，雙手交叉放於大腿兩側的人，這種人為人古板，從不願接受別人的意見，即使對方是善意的、正確的，他也無動於衷。而且這種人做事急躁，缺乏耐心，顯得有些厭煩，甚至反感。

這種人凡事都想做得盡善盡美，做的卻又是一些可望而不可即的事情。他們愛誇誇其談，而缺少求實的精神，所以他們總是失敗。雖然這種人為人執拗，不過他們大多富於想像。

對於愛情和婚姻，他們也都比較挑剔，人們會認為這種人考慮慎重，但事實不然。應該說是他們的性格決定了這一切，他們找「對象」是用自己構想的「模型」如「鄭人買履」般尋覓，這肯定是不切實際的做法。

而一旦談成戀愛，則大多數都傾向於「速戰速決」，因為他們的理念是中國傳統型的「早結婚，早生子，早享福」。

喜歡羞怯型坐姿的人

兩膝蓋併在一起，小腿隨著腳跟分開成一個「八」字樣，兩手掌相對，放於兩膝蓋中間。

這種人特別害羞，多說一兩句話就會臉紅，他們最害怕的就是出入社交場合。這類人感情非常細膩，但並不溫柔，因此常令人莫名其妙。

在工作中，他們習慣於用過去成功的經驗做依據，這本身並沒有錯，但在新世紀到來的今天，因循守舊必定是這個社會的被淘汰者。不過他們對朋友的感情是相當真誠的，每當別人有求於他們的時候，只需打個電話，他們就定會效勞。

他們的愛情觀也深受傳統思想的束縛，經常被家庭和社會的壓力壓得喘不過氣來，而自己卻仍要遵循那傳統的「東方美德」、「三從四德」等舊觀念。

喜歡堅毅型坐姿的人

堅毅型的人喜歡將大腿分開，兩腳跟併攏，兩手習慣地放在肚臍部位。

這種人很有男子漢氣概，有勇氣，也有決斷力。他們一旦考慮了某件事情，就會立即付諸行動。在愛情方面，他們一旦對某人產生好感，自然就會積極主動地表示自己的意向，不過他們的獨佔欲相當強，動不動就會干涉自己戀人的生活，時常被自己的戀人討厭。

在工作方面，這種人敢於不斷地追求新事物，責任感強，而且好戰，可能因此而造成很大的威懾力。

喜歡放任型坐姿的人

放蕩型的人坐著時常常將兩腿分開距離較寬，兩手沒有固定擱放處，這是一種開放的姿勢。

這種人喜歡追求新奇，偶爾成為引導都市消費潮流的「先驅」。他們對於普通人做的事不會滿足，總是認為自己做的事應是與眾不同的，而且標新立異。

這種人平常總是笑容可掬，最喜歡和人接觸，而他們的人緣也確實頗佳，因為他們不在乎別人對他們的批評，這是其他人很難做到的。從這方面來說，他們很適合做一個社會活動家或從事類似的職業。

喜歡冷漠型坐姿的人

冷漠型的人通常將左腿交疊在右腿上，兩小腿靠近，雙手交叉放在腿上。

這種人看起來非常和藹可親，似菩薩，很容易吸引人接近，但事實卻恰恰相反，別人找他談話或辦事，那一副愛答不理的舉動讓人不由得猜想是不是他的心情不好而導致情緒變壞。其實，你沒有花眼，你的感覺很正確，他們不僅個性冷漠，而且性格中還有一種狐狸作風，對親人、對朋友，他們總要向人炫耀他那自以為是的各種心計，以致周圍的人不得不把他們列入心理不健

全的名單中。做事三心二意的他們，從不腳踏實地認真鑽研，只求表面的成功，認為自己的理論就是真理。

喜歡悠閒型坐姿的人

這種人性格隨和，與任何人都能相處得很融洽，也善於控制自己的情緒，因此能得到大家的信賴。他們的適應能力很強，對生活也充滿朝氣，做任何職業好像都能得心應手，加上他們的毅力也都不弱，往往都能達到某種程度的成功。這種人喜歡學習，但不是知之甚詳，可能他們要求的僅是「學習」而已。

其另一個特點是個性熱情、揮金如土。對於金錢這種「生不帶來，死不帶去」的身外之物常常視如糞土。也因此招致花錢不慎帶來的後果。

他們的愛情生活整體來說是較愉快的，雖然有時會被點綴上一些小小的煩惱。這種人的雄辯能力也很強，但他們並不是在任何場合都會表現自己，這完全取決於他們當時面對的對象。

從走路姿勢透視其內心

每個人的走路姿勢都有所不同，但對熟悉的人，我們在很遠的地方，即使是擁擠雜亂的場合中，也能一眼把他認出來。因為，這種動作與生俱來看似平常，沒有半點的特別，但卻最能反映出一個人的性格特徵。如循規蹈矩的人的走路姿態，與積極上進的人的走路姿態絕對是大相徑庭。由於這種分析具有一定的準確性和科學性，所以我們要學會透過觀察他人的走路姿態，從中找出他們的真實性格。

走路喜歡昂首挺胸的人

有些人走路時抬頭挺胸，大踏步地向前，充分顯示自己的氣魄和力量，給人一種高傲的感覺。

這類人比較自信、自尊，甚至有些自負，好妄自尊大，也有清高、孤傲的成分；凡事只相信自己，處處主觀臆斷，對於人際交往較為淡漠，經常是孤軍奮戰，但思維敏捷，做事有條不紊，富有組織事物的能力，能夠成就財富事業和完成既定目標，自始至終都能保持完美形象。

這類人最大的弱點就是羞怯和缺乏堅強的毅力。儘管他們有較強組織力和判斷力，可惜他們說得多，做得少，給人一種「說話的巨人，行動的侏儒」的感覺。

喜歡步履矯健的人

這種人講究實際，精明幹練，往往是事業有成的代表，凡事三思而後行，不莽撞和唐突，不好高騖遠，無論是事業還是生活，都能夠腳踏實地，一步一個腳印地前進。重信義和守諾言，有「君子一言，駟馬難追」的魄力，不輕信人言，有自己的主見和辨別能力，是值得放心的人。

喜歡健步如飛的人

他們做事比較急躁，雖然明快而又有效率，但缺少必要的細緻，有時會草率行事，缺少耐性。他們遇事從不推諉搪塞，勇敢正直，精力充沛，喜歡面對各種挑戰。

喜歡踱著方步的人

這種類型的人非常穩重，他們喜歡保持冷靜。他們認為面對困難時，保持頭腦清醒最重要；相信自己的判斷力和分析力。

這種人富有理性，自控力也較強，常常因此而受到尊重；做事小心謹慎，談吐溫文爾雅，即使有時感覺很累，但是為了尊嚴，很難在別人面前敞開心扉。在交際方面，他們四平八穩，堅持到終點為止，避免涉世太深而不能自拔，永遠事業放在第一位。

喜歡躬身俯首的人

這種人自信心不足，缺乏一定的膽識與氣魄，沒有冒險精神。謙虛謹慎，不喜歡華而不實的言詞，給人一種彬彬有禮的感覺。與人交往過程當中，不過多地表達自己的感情，雖然沉默冷淡，似乎對什麼都沒有興趣或熱情，但實際上他們特別重視友誼，一旦找到了知己，就會全力以赴，甚至不惜為對方兩肋插刀。

走路喜歡心不在焉的人

這種人步調混亂，沒有固定習慣而言，或是雙手放進褲袋，雙臂夾緊；或是雙臂擺動，挺胸闊步。

他們豁達大方、不拘小節，可以作為好朋友，有成就一番豐功偉業的雄心壯志，但有時顯得華而不實；遇到爭端不肯輕易認輸，所以會出現「秀才遇到兵，有理說不清」的情況。

走路身體前傾的人

有的人走路時習慣於身體向前傾，其實並不是因為走路太快而失去平衡，相反，他們大多數步伐還非常平穩。

這類人的性格大多溫柔和內向，見到漂亮的女性時多半要臉紅，但他們為人謙虛，一般都有良好的自身修養。

他們從不花言巧語，非常珍惜友誼和感情，只是平常不苟言笑，與他人相處也是一幅冷漠的模樣，很難與人來往，但一旦成為知交則會至死不渝。尤其是在戀愛或婚姻出現分歧或決裂時，他們總抱著「寧可他（她）負我，我絕不負他人」的觀念。他們也常常

對生活感到厭倦，不願對人傾訴，而是一個人生悶氣。

走路喜歡不斷回頭的人

不管後面是否有人跟蹤，是否發生了什麼動靜，這種人走路時總喜歡頻頻回頭。他們一般很難相信別人，如果他們在經營某項事業，必定獨攬大權，不輕言授權。

他們疑神疑鬼之心頗重，往往無事生非，本來極單純的事，也有可能被他們弄得複雜無比。與人相處時，他們欠缺協調意識，因此常常鬧出人事糾紛，影響了工作效率。

從睡姿透視其內心

一個人以什麼樣的姿勢睡覺，是一種直接由潛意識表現出來的身體語言。觀察和了解一個人的性格有很多種方法，但若說到一種最好的方法卻並不多，睡姿就是其中的一種。一個人無論是假裝睡覺還是真正的熟睡，睡姿都會顯示出一個人在清醒時，表露在外和隱藏在內的某種思想感情。對於自己而言，我們在很多時候並不知道自己在睡覺時採取什麼樣的姿勢，不妨問一問身邊親近的人，然後根據實際的性格對比一下，因為每一個人的睡姿足以反映一個人的性格。

喜歡嬰兒般的睡姿的人

這一類型的人多是缺乏安全感，比較軟弱和不堪一擊的。他們的獨立意識比較差，對某一熟悉的人物或環境總是有著極強的依賴心理，而對不熟悉的事物和環境則多恐懼心理。他們缺乏邏輯思辨能力，做事沒有先後順序，常常是這件事情已經發生了，連準備工作還沒有做好。他們責任心不強，在困難面前容易選擇逃避。

喜歡俯臥式睡姿的人

這種類型的人多有很強的自信心，並且能力也很突出。在絕大多數情況下，他們都能很好地把握住自己。他們知道自己的位置。對於所追求的目標，他們的態度是堅持不懈，有信心也有能力實現它。他們隨機應變的能力比較強，懂得如何調整自己。另外，他們還可以很好地掩飾自己的真實感情，而不讓他人看出一點破綻。

喜歡睡在床邊的人

他們會時常缺乏安全感，理性比較強，能夠控制自己，盡量使這種情緒不流露出來，因為他們知道事實可能並不是這個樣子，那只是自己一廂情願的想法。他們具有一定的忍耐能力和寬容心，如果沒有達到某一極限，不會輕易反擊、動怒。

喜歡整個人呈對角線躺在床上

這一類型的人多是相當武斷的，他們做事雖然精明幹練，但絕不向他人妥協，做事一向是我行我素，認為自己就是真理，他人不得提出反對的意見。他們樂於領導別人，使所有的事情在自己的直接監督下完成。他們有很強的權力欲望，一旦抓住就不會輕易放手，而且越抓越緊，絕不願與他人分享。可見，這種人是十分自私、貪心的。

喜歡仰睡的人

喜歡仰睡的人多是十分開朗和大方的，他們為人比較熱情和親切，而且富有同情心，能夠理解人，而且通情達理、善解人意。他們是樂於施捨的人，在思想上他們是相當成熟的，對人對事往往都能分清輕重緩急，知道自己該怎樣做才能達到最好的效果。他們的責任心一般都很強，遇事不會推脫責任選擇逃避，而是勇敢地面對，甚至是主動承擔。良好的品質打動了許多人，同時也帶給他很好的人緣，人際關係比較好。真所謂：「好人有好報」。

喜歡雙腳放在床外睡覺的人

這一類型的人大多是工作相當繁忙，沒有多少休息時間的人。他們的生活態度是相當積極和樂觀的，在絕大多數時候顯得精力充沛，而且相當活潑，為人也較熱情和親切。他們具有很強的適應能力和組織協調能力，可以參與到許多事情當中，生活節奏相當快。

喜歡雙手擺在兩旁，兩腳伸直坐著睡的人

這種睡姿在生活當中並不多見，但仍然存在。這一類型的人多半處在一種高度緊張狀態當中。他們的生活節奏是相當緊湊的，但是具有一定的規律性，每天在什麼時間做什麼事情似乎已固定下來，而他們在這個過程中養成的習慣，已形成了一定的規律。

喜歡在睡覺時握著拳頭的人

這一類型的人彷彿隨時準備應戰，如果把拳頭放在枕頭或是身體下面，表示他正試圖控制這種積極的情緒。如果是仰躺著或是側著睡覺，拳頭向外，則有向人示威的意思。

喜歡雙臂雙腿交叉睡覺的人

這種類型的人自我防衛意識多比較強烈，不允許別人侵犯自己。他們表面上是個強者的形象，但其實他們的性格是脆弱的，很難承受某種傷害。他們對人比較冷漠、內斂，常壓抑自己而拒絕真情實感的流露。

腰部顯示豐富的內心

腰部在身體產生了「承上啟下」的支持作用，腰部位置的「低」或「高」與一個人的心理狀態和精神狀態有關聯，也能看出一個人的性格特徵。

喜歡彎腰的人

比如鞠躬、點頭哈腰屬於低姿勢，把腰的位置放低，精神狀態也隨之「低」下來。眾所周知的是：日本女性見人必須彎腰行禮，柔美、流暢、溫順的外表給人一種美的感覺。

向人鞠躬是表示某種謙遜態度，或表示尊敬；在懼怕對方時，會不自覺地採取彎腰的姿勢。

從謙遜再進一步，即演變成了服從、屈從。心理上的服從與屈從，反映在身體上，就是一系列在居於優勢的個體面前把腰部放低的動作，如蹲、揖、跑、伏、叩拜等。

喜歡挺腰的人

這個動作反映出情緒高昂，充滿自信。用力挺直身體，使身體增高，同時也可提高一些腰部的位置，這是進行威嚇的作用，表示無畏，力圖使自己處於優勢的動作。經常挺直腰板站立、行走或坐下的人，往往有較強的自信心，且有自制和自律的能力，但可能缺乏精神上的彈性。

喜歡手扠腰的人

這種姿勢的人表示胸有成竹，對自己面臨的事已做好精神上的準備，或採取行動的準備。手扠腰間，兩隻拇指露在外面，更流露出某種優越感或支配欲。

喜歡撫腰的人

俗話說：「沒有愛，自己愛。」女人常常在沒有男人撫摸時就自我撫摸，這種自我撫摸是一種「自我安慰」的行為，同時也是一種「自我親切」的暗示。

在他人面前猛然坐下的動作

表面上是一種隨隨便便、不太禮貌或不拘小節的樣子，其實此人內心隱藏著不安，或有心事不願告人，因此，不自覺地用這個動作來掩飾自己的抑制心理。如果和這個人談話，他往往會表現出心不在焉或神思不屬的態度。

喜歡蹲姿的人

最低位的腰部動作是蹲姿，多見於疲勞的老年人，表面上的意義完全是防衛和服從。文明人和文化水準較高的人很少採取蹲姿，因為蹲姿形象上不雅觀，意義上消極，心理上處於劣勢。

從握手的方式觀察對方

「我接觸過的手，雖然無言，卻極富有表現性。有的人握手能拒人千里……我握著他們冷冰冰的指頭，就像和凜冽的北風握手一樣。也有些人的手充滿陽光，握著他們的手，感覺溫暖。」這是美國著名聾盲作家海倫·凱勒的話。她寫出了與不同人握手的不同感受。可見，握手也能夠產生傳情達意的作用。

握手，是現代社會中人與人交往的一種較為普遍的禮節。只是一握，但這其中卻也有很大的學問，有專家研究表示，握手可以反映出一個人的很多訊息，透過握手的方式也可以觀察出一個人的性格特徵。

握手有力的人

握手時的力量很大，甚至讓對方有疼痛的感覺，他們多是逞強而又自負的。這種人性格外向，爽快，辦事講究效率，但有時過於急躁。這種握手的方式，在一定程度上又說明了握手者的內心比較真誠和熱情。他們善於把握人際關係，組織和領導才能十分突出，屬於領導型人物，但是他們容易流於專斷、獨裁。

只伸出手尖握手的人

握手時只是輕輕地一接觸，握得不緊也沒有力量，這種人多屬於內向型人；他們時常悲觀，情緒低落，他們不把握手當成表示友好的一種方式，而是把它看成一種公事，毫無誠意。在工作中、生活中，他們也大多三心二意，做事草率，缺乏愛心和責任心。

握手時胳膊不伸直的人

握手時顯得不甚積極主動，手臂呈彎曲狀態，並往自身貼近，這種人多是小心謹慎，封閉保守型，大多屬悲觀主義者。他們不關心別人，對人缺乏善意，雖然沒有人傷害過他們，但在他們眼中，所有人都是索然無味的。

握手時顯得遲疑的人

握手時顯得遲疑，多是在對方伸出手以後，自己猶豫一會兒，才慢慢地把手遞過去。排除掉一些特殊的情況以外，在握手時有這種表現的人，性格多內向，且缺少判斷力，不夠果斷。這使得他們與許多機會失之交臂，在事業和生活都很難美滿。

難捨難分的握手

一個人握著另外一個人的手，握了很長的時間還沒有收回，而且並不顯得熱情洋溢，這是一種測驗支配力的方法。如果其中一個人先把手抽出、收回，說明他沒有另外一個人有耐力。反之，則說明他的耐心不夠。總之，誰能堅持到最後，誰勝算的把握就大一些，當然，也有另外一種情況，他們做事漫不經心，缺乏效率，而且沒有實際經驗。

雖然握得很緊，但只握一下就會鬆開的人

雖然在與人接觸時，把對方的手握得很緊，但只握一下就馬上拿開了。這樣的人在與人交往中，大多能夠很好地處理各種關係，與每個人都好像很友善，可以做到游刃有餘，但這可能只是一種外表的假象。看上去很友善，其實在內心裡他們是非常多疑的，他們不會輕易地相信任何一個人，即使別人是非常真誠和友好的，他們也會加倍地提防、小心。

握手時手心出汗的人

在握手時，非常緊張，掌心有些潮濕的人。在外表上，他們的表現冷淡、漠然，非常平靜，一副泰然自若的樣子，但是他們的內心卻非常不平靜。只是他們懂得用各種方法，比如說語言、姿勢等來掩飾自己內心的不安，避免曝露一些缺點和弱點，讓人覺得他很堅強。在危難時刻人們可能會把他當成救星，只因他不動聲色，其實內心中他們是比較慌張的。

用雙手握手的人

用雙手和別人握手的人，大多是相當熱情的，有時甚至熱情過了火，讓人覺得無法接受。他們大多不習慣於受到某種約束和限制，而喜歡自由自在，按照自己的意願生活。他們有反傳統的叛逆性格，不太注重禮儀、社交等各方面的規矩，他們在很多時候是不太拘於小節的，只要能說得過去就可以了，渴望按照自己的意願生活。這種握手方式稱為：「政客式握手」，很多政客多在公共場合喜歡這種方式。

緊握對方，使對方痛楚難忍的人

像虎頭鉗一樣緊握著對方的手的人，在絕大多數時候都顯得冷淡、漠然，有時甚至是殘酷。他們希望自己能夠征服別人、領導別人，但他們會巧妙地隱藏自己的這種想法，而是運用一些策略和技巧，在自然而然中達到自己的目的。從這一方面來說，他們是很擅長工於心計的；從另一方面說，他們精力充沛，自信心強、積極進取。不過，獨斷專行，不好相處是他們不可掩飾的缺點。

握手溫柔的人

握手時只輕柔地觸握的人隨和豁達，絕不偏執，頗有遊戲人間的灑脫，謙和從眾，常給人一種溫柔體貼、細膩的感覺，值得依賴。不過這樣的男性多有些大男人主義。

從等電梯時的小動作識別他人的性格

隨著社會的發展，高樓大廈已成為一道亮麗的風景。而電梯也成為了一種快捷方便的交通方式。可是，人們在等電梯時也是動作萬千，各有千秋。在這變化多種的動作中，我們就可以看出這個人的性格。

喜歡不停地按電梯鈕的人

禁不住反覆數次按壓電梯鈕的人性子有些急，責任心強，做事雷厲風行。他們做事不夠沉穩，常常說做就做，絕不拖延，而且一旦投入到某事情中便易渾然忘我，常常會因為過度熱中而疏忽了周圍的人或事，不過要小心被心愛的人誤解。另外，屬於這種類型的人幽默感強，很逗人喜愛，頗具親和力和較好的人緣。

坐電梯時會與其他乘客搭訕的人

這種類型的人很有自信心，給人以安全感，心理空間要比一般人大。在他的潛意識裡，整個電梯都是他的個人空間，所以覺得很放鬆，可以很坦然地與人交流，如同在家中一樣。

坐電梯時以微笑對人，但不說話的人

這種類型的人心理空間屬於正常範圍之內，有很清楚的認識，知道自己工作的範圍。他做事很有信心，而且可以正常發揮，但是一旦超出這個範圍，就會覺得力所不及，缺乏信心；雖踏實可靠，但魄力不夠，不容易突破原有的局面。

有時在地上跺腳的人

這種人較敏感，觀察力強，能覺察出周圍一些非常細微的變化，他們的這種敏感和細膩常常使周圍人覺得他們是善解人意，容易溝通，願意對其傾訴的對象。這種人的感覺細微到甚至略帶神經質，還常常具有藝術性的才華，若能有合適機遇，則能取得意想不到的成就。

喜歡抬頭看天花板或環視周邊的廣告招牌的人

這種人目光專注於天花板或看板，避免與他人目光相遇，外表冷靜淡漠，但內心世界豐富且真誠，並能理解他人。雖然交際範圍不廣，卻能培養深厚的友誼。他們知識豐富、虛心好學、性格溫和、心地善良。不足的是：與人相處時喜歡隱藏自己的缺點，且常處於自我防禦狀態，所以有時會被人誤解是個冷漠的人。

同時，具有很好的邏輯思維和優越的數絕字能力，在電子、機械等理工方面更能發揮其卓越的才能。

喜歡低頭注視地板的人

這類人看似有些消極、內斂，但實際上，他們的心地非常真誠、坦率，所以能充分地信任和關心他人，與周圍人建立良好的關係，在人際關係上很少與他人發生糾紛。當然，也具有老好人的一面，在與人相處上，這種謙讓、容忍的特點會發揮潤滑油的功用。缺點是：有些自閉，心理空間較狹小，對自己缺乏信心，容易感到不安。所以應注意適當表達自己的情感和體驗，不可過於掩飾和壓抑自己。

喜歡盯著樓層顯示燈的人

這類人穩健、踏實，辦事周到全面，喜歡做很有把握的事情，是非常小心謹慎的人，遠離紛爭，明哲保身。絕不會做冒險的事。遇上禮儀人情上的糾葛，會把仁義道德擺在前面，絕不會為一時的感情所惑，陷入不仁不義之中。

這類人總是能有條理和原則地採取行動，深獲晚輩或部屬的信賴。但是，敏感多疑，自我防衛意識強烈。如果不太熟悉的人接近他，超過了安全距離，他會擺出冷漠的姿態，拒人於千里之外。

從吃相透視對方心理

每個人都有不同的「吃相」，就如同世界上沒有兩片完全相同的葉子一樣。不同的人在吃東西時所表現出來的神情和姿態，在不同的程度上反映了這個人的個性特點和他的心理狀況。

喜歡獨自進餐的人

這種類型的人不喜歡熱鬧的公共場合，他們很討厭無聊的應酬。因為他們骨子裡滲著一種自命清高的特質，所以人際關係比較淡泊。他們性格堅強，做事穩重，責任心強，表裡如一，信守諾言，工作十分出色，給人以安全感。

喜歡細嚼慢嚥的人

懂得細嚼慢嚥的人，多是能夠細細品味生活的人。這種人在面對一桌佳餚的時候，能不疾不徐，不慌不忙地細細品嚐，就像是在欣賞一件藝術品。對這樣的人來說，吃東西是次要的，而吃東西的過程才是重要的。他們把這種吃東西的哲學用到了生活中，便使他們的生活變得十分細膩，而他們本身也比較善解人意。他們個性溫和，小心謹慎，遇事冷靜，很少判斷錯誤。不過他們比較挑剔，對人對己都有嚴格要求，有時甚

至達到苛刻、殘酷的地步。如果是一個女性，那麼則屬於賢妻良母型。能夠見微知著，總是用他們敏銳的感官去準確地洞察對方的內心世界，因此他們多善於應酬。比較適合從事外交、公關等方面的工作。

喜歡狼吞虎嚥的人

中國有一句古話：「男人吃飯如虎，女人吃飯如鼠。」意思是說，男人吃飯很快，而女人吃飯很慢。然而，在相同條件下，喜歡狼吞虎嚥的人往往是工作狂，只要一工作起來常常有著用不完的精力，他們總想在最短的時間內完成自己應該做的事情，適合做速戰速決的工作。這種人大多精力旺盛，性情豪爽，待人真誠、熱情，做事乾脆、果斷。他們是心中藏不住事的人，只要手裡有尚未做完的事，他們就會心緒不寧，坐立不安，非把事情做完了才踏實。他們的情緒常常處於高度緊張之中，給自己造成強大的精神壓力。雖然他們為人處世雷厲風行，思維敏捷，常常給人精明能幹、生氣活潑的印象，但其暴躁的性格卻使他無法與眾人協調，常引發糾紛，無法營造和諧的人際關係。

如果一個人在吃飯之前坐立不安，見到飯菜狼吞虎嚥，那麼他們往往家境貧寒。這種人吃苦耐勞，踏實忠誠，對事業兢兢業業，勤勞肯幹。

喜歡站著吃飯的人

這種人對於吃飯不太講究，只要能填飽肚子就行，力求簡單，方便，既省時又省力。他們的性格比較溫和，但是往往缺乏遠大的抱負，很容易滿足。心地善良，溫柔體貼，為人慷慨大方，很受歡迎。

吃得少，始終骨瘦如竹的人

食量比一般人要少，但是，始終面色紅潤，終年無病。這種人個性溫厚，樂觀進取，從不知憂愁為何物；開朗熱情，跟任何人都能做朋友，講義氣，肯為別人效犬馬之勞。

吃飯時露出整齊牙齒的人

吃東西時，如果露出整排牙齒，實在不雅觀。有這種習慣的人，他們大多心胸狹窄，常為微不足道的事情操心，總是覺得自己已經被壓力壓得喘不過氣來。這種人一般在事業、婚姻、家庭等方面都不會太好。

吃東西時喜歡臉孔朝上的人

吃東西時有臉孔朝上的習慣，則此人可能性情粗鄙，反應遲鈍，智力不佳；容易因為一點點小事而爭得面紅耳赤，到處碰壁，不易與人相處；在工作、學習、生活上都較容易失敗。

筆跡彰顯個性魅力

筆跡作為人們傳達思想感情，進行思維溝通的一種手段，也是人體資訊的一種載體，是大腦中潛意識的自然流露。

不同心境的字，筆跡也不一致。但在長時期內，字體的主要特徵如運筆方式、習慣動作、字體開闔是不變的。尤是最近的字更能反映出個人目前的思想、感情、情緒變化、心理特點等。筆跡可以反映一個人的性格、能力、品質特徵等內容，是客觀現象，也是被許多事實所證明的。

筆跡分析的方法很多，由筆跡了解人的性格，可以從三個方面來觀察，即筆壓、字體大小、字形這三個要點來研究分析這個問題。

喜歡字體較大，筆壓無力，字形彎曲的人

這種字體的人，不受格線限制，具有個性風格，容易變成草書；有向右上揚的傾向，有時也會向右下降，字體稍潦草。

這類人的性格通常平易近人，性格外向，興趣廣泛，思維開闊。好相處，善於社交活動，為體貼、親切類型的人。氣質方面具有強烈的躁鬱質傾向，做事多不拘小節，缺乏耐心。

喜歡字形方正，一筆一畫型

字形方正，一筆一畫型，筆壓有力，筆劃分明，字字獨立，字的大小與間隔不整齊，具有自己的風格，但筆跡並不潦草，字寫得

較小。

這類人性格通常不善交際，屬理智型。處事認真，但稍欠熱情，對於有關自己的事很敏感、害羞，對他人卻漠不關心，感覺較遲鈍。氣質方面具有分裂質傾向。書寫者有較強的邏輯思維能力，思慮周全，辦事縝密，責任心強，但容易墨守成規。若結構鬆散些，則書寫者思維更強，思維更有廣度。

字形方正，一筆一畫的平凡型

字形方正，一筆一畫型，是有規則的平凡型，無自己風格，字跡獨立工整，字形一貫筆壓很有力。

這類人的性格通常：凡事拘泥慎重，做事有板有眼，中規中矩，但稍嫌緩慢；意志堅強，熱中事務；說話嘮嘮叨叨，不懂幽默，有時會激動而採取強烈行動。而且這類人個性剛強，做事果斷，毅力堅強，有開拓精神。不過主觀性強，固執己見。

字形方正，稍小、有獨特風格的人

這種字體尤以萎縮或扁平字形為多，字跡大多各自獨立，無草書，筆壓強勁，字的角度不固定，但字體並不潦草。

這類人在性格方面通常器量較小，對事務缺乏自信，不果斷，極度介意別人的言語與態度。他們為人和善、謙虛謹慎，能聽取別人意見，集眾人之所長，顧全大局，掌握方向。

喜歡字形稍圓彎曲，有時呈直線形的人

這種字形有時具有自己風格，有時則工整而有規則，大小、形狀、角度、筆壓均不固定，潦草為其顯著特徵。

這類人的性格：虛榮心強，重視外表，經常希望以自己話題為中心，因此話太多，不能諒解對方立場，缺乏同情心與合作精神。由於以自我為中心，因此容易受煽動，亦容易受影響。情緒比較嚴重，悲觀消極思想佔主流，心理調控能力較差。

從購物方式體察對方個性

隨著社會的不斷發展和進步，人們從那種自給自足的自然經濟向市場經濟轉變。所以，生活中有很多必需品都是要從外界獲得的，而最直接、最簡單且最普遍的方式就是去商店或商場購買。付出一定量的錢就可以購得自己想要的商品，但不同的人卻有不同的購物方式，不同的購物方式也反映出不同人的個性。

喜歡請別人代自己購物的人

這種類型的人多是時間安排得非常緊湊，工作和學習非常繁忙的人。在他們看來，購物算不上什麼大事，不值得自己抽出寶貴的時間親力親為。他們在待人處世等各個方面多是比較傳統的，會盡量使大家對自己滿意。

喜歡在商品打折時選購物品的人

這種購物類型的人大多比較實際和現實，懂得精打細算，甚至

有點唯利是圖。固執的性格使他們處事有些極端，很少吸取別人意見，頑強地堅持自己的觀點不放。他們會很滿足於自己佔優勢，而他人在無可奈何的情況下不得不放棄的感受。

喜歡看目錄購物的人

這種購物類型的人組織性、原則性強，凡事都喜歡按照一定的規律和計畫完成，否則會大亂陣腳，有些手忙腳亂的感覺。

這一類人比較健忘，所以需要不斷地有人提醒他們，在什麼時間去做什麼事情；他們的隨機應變能力並不強，嚴重的偶發事件會讓他們無法接受。

喜歡全家人一同出外購物的人

這一類型的人多有較傳統和保守的價值觀，家庭在他們的心目中「重於泰山」，他們對家庭有著強烈的責任感和深深的依戀，家庭直接影響著他們行為處世的習慣，而他們的家庭也是非常和睦的。在他人看來他們整天圍著家庭轉，生活似乎太乏味了，但他們自己卻很滿足於目前的這一種生活。他們感覺較有安全感，生活態度踏實可靠，而且選購的物品大多既經濟又實惠。

喜歡花一整天時間用來購物的人

這一類型的人多比較開朗和樂觀，他們常常沒有理由地就會感覺心情不錯。他們較有耐性，自我調節的能力很強，遇事後總能找到理由和藉口自我安慰。他們有勃勃的野心，常常會為自己設定許多遠大的理想和目標，並且實現起來態度也相當積極，可是他們的那些理想和目標，從某種程度上來說並不實際，所以到最後多半無法夢想成真，但在這個過程中，他們所做的事情還是有收穫的。

需要的時候沒有買，不需要了以後購買的人

這一類型的人似乎在任何一方面行動都要比別人慢一拍，但他們並不為此而惱火，是典型的慢郎中性格。他們的表現欲望很強，希望自己能夠引起他人的注意，所以時常會故意要一些小伎倆。

從烹飪的方式看人的性格

俗話說：「民以食為天。」從某種意義上來說，人存在的最大目的就是為了吃，吃是一種文化，這其中的學問可謂大矣。既然提到吃，首先提到吃的東西，就要提到如何做這些吃的東西，即烹飪。烹飪是人類生活中一個重要內容，也是一門技術，同時一個人在準備食物的時候也往往透露出他對生活的某種感受，因此，也可以透過烹飪方式了解他們的性格。

喜歡參與烹飪全過程的人

烹飪是一種藝術，更是一種享受，有很多人樂於自己動手，準備一切。這一類型的人多比較自信，積極樂觀，獨立意識比較強，從來不企圖依靠別人來達到自己的某種目的，同時他們對他人也缺乏足夠的信任感。在他們的心裡有非常強烈的依靠自己的意識，不會輕易相信任何人。他們很滿足於自己完成某件事情，並獲得成功以後的那種成就感。他們不自卑，即使是陷在困境中，也會對自己充滿自信，相信自己一定可以度過難關。

喜歡剁菜的人

在烹飪時經常採取剁、揉的方法。這一類型的人做事腳踏實地，多屬於實幹型的人，他們很實際，總是能夠以非常積極和誠懇的態度來面對生活中的各種問題。他們的生活節奏多是相當快的，有很多有意義的計畫正在不斷地實施。他們的生活態度相當積極，一件事情只要決定去做，就會全身心地投入，盡量把它做好，他們有可貴的積極探索的精神。

喜歡按照烹飪書籍做菜的人

他們多少顯得有些呆板，凡事喜歡依據一定的法則，如果沒有這一類指導性的東西，就會顯得手足無措，他們習慣於被人領導，而不可能領導別人。他們總是過分地追求各種細節，精確嚴謹，一旦已經認定的事就會一直走下去。他們對自己並沒有多少自信心，隨機應變能力比較差，遇到一些突發事件，常會驚惶失措，不知該怎樣辦才好。

喜歡憑感覺烹飪的人

只是憑著自己的感覺進行烹飪，這一類型的人多比較善變，常憑著一時的衝動感情用事，禁不起意外打擊，脆弱的感情會使他們一蹶不振。

他們不願意受到他人的約束和限制，喜歡自由自在隨心所欲地做自己想做的事情。他們很少向他人做出承諾，因為他們非常了解自己，知道自己根本無法兌現。多愁善感是他們的一個特點，他們的心地是善良的，並不想去傷害別人，但是到最後還是會有許多人受到傷害，他們雖然會為此感到難過，但還是不會做出任何的改變，或許也

是改不了，當別人遇到麻煩時，他也不會伸出援助之手。

喜歡打電話給美食專家的人

這一類型的人多比較有寬容性，能夠虛心認真地接納他人給自己提出的意見和建議，但接納並不是全盤接受，他們是有著自己獨特的思維的，會充分考慮他人的意見和建議，在此基礎之上，最後的決定還是取決於自己。

喜歡烤肉的人

喜歡烤肉的人，性格多是外向的，他們待人熱情大方，樂於結交新的朋友，而且富有同情心，做事常不拘小節，馬馬虎虎，得過且過就好，因此經常會製造一些不必要的麻煩。他們樂於向他人介紹自己，以增進了解。

喜歡向電視學習的人

跟著電視上的烹飪節目自己動手的人多是自主意識強烈，不願意讓他人為自己做決定，他們喜歡把一切都變得簡單和方便。他們很容易獲得滿足，在各方面也不挑剔，但對於一些事情還是有追求完美的心理傾向的。大多時候他們活得比較快樂，善於開導自己。

喜歡使用小道具的人

在烹飪的時候愛使用一些小道具，這一類型的人多有比較重的好奇心理，一旦對某件東西感興趣，就會想方設法地擁有它。他們在做事的時候多追求高效率。他們有較強烈的憂患意識，為了以防萬一，常常會做很多的準備，但事實上他們經常是杞人憂天。

從不烹飪的人

從來不自己烹飪的人，多缺乏冒險意識，為了安全，他們會選擇妥協退讓。做事常常處於被動狀態中。

從開車的方式看人的個性

在一般人眼裡，開車似乎就是把握好方向盤，知道前進或倒車，還有熟知交通規則，不違規，不出車禍。其實，開車並沒有那麼簡單。

人們對汽車的控制和對自己的控制有非常多的相似之處，人們在開車過程中和其他司機所產生的聯繫，幾乎就是他們人際交往的寫照，他們在方向盤上的態度，更是他們性格的折射。

喜歡規規矩矩開車的人

對他們而言，車是代替步行的工具，而不是為了尋求刺激或炫耀，所以這種類型的人大多思想傳統保守，在人海茫茫當中守護著自己的孤島，把別人不攻擊和傷害自己當成莫大的幸事。他們缺乏冒險的精神，規規矩矩地從事著自己應該從事的事情，不會做出讓人下不了台的事情；最大的優點就是踏實，做事兢兢業業，能夠博得他人的賞識，容易和他人建立起良好的人際關係，但有時也容易上當。

喜歡低速開車的人

這種人開車特別慢，甚至比規定速度還要低很多，所以低速開車的人膽小怕事，對自己缺乏信心。如果是女孩情有可原，但如果是七尺男兒則讓人嘲笑不已了。他們清楚自己的這個弱點，而且懷疑周圍的人用異樣的眼光看著自己，所以閉關自守，其實這是缺乏信心所致。但是，這種人的嫉妒心很強，但又難以下定決心奮起直追，所以在他們面前一定要低調，以免讓他們失去平衡。

喜歡快速開車的人

快速開車的人性格積極，比較急躁，不喜歡墨守成規、循規蹈矩，討厭約定俗成的各種規範，對別人的橫加干涉會採取極端和衝動的回擊，處處維持自己的獨立自主。有著非常積極的生活態度，善於把日子過得溫馨舒心；不名韁利鎖，以快樂作為評定生活品質的標準，對社會一些不公平的現象感到義憤填膺；屬於比較單純、率性的人。

喜歡開車沉默不語的人

開車時默不作聲，即使旁邊坐著很親近的人也是如此。這種人性格內向，不善交際，但是待人坦誠，不喜歡隱瞞自己的好惡，會有真心朋友。他們較感性，注重第一印象。如果第一印象不好，絕不會因為某種目的而刻意討好別人。

喜歡開手排車不斷換擋的人

開車不斷換檔的人不喜歡一成不變，性格獨立，按照自己的意願行事，不希望由別人安排自己的道路，應由自己開拓出一片屬於自己的樂土而不斷地探索和努力。他們勇敢而又樂觀，不懼怕人生路途中的狂風暴雨；倔強和愛面子，喜歡感情用事，有責任心，不願求助他人；能夠善始善終，將自己分內之事圓滿地完成。

綠燈亮後高速直衝的人

綠燈亮後高速直衝的人頭腦靈活、反應快捷，具有很強的應變能力。不僅開車爭先，生活和工作之中處處不甘心屈居人下，希望獲得的回報比別人更多更好，所以他們不斷努力，有獲得成功的希望；他們有較強的競爭意識，意志頑強，積極樂觀，儘管有時會摔倒在地，但很快就會振作起來，繼續努力。

喜歡綠燈亮後最後起動車子的人

綠燈亮後最後起動車子的人冷靜、沉穩，處於與世無爭的狀態當中。他們在生活當中總是謹小慎微，從來不打沒有把握的仗，追求的不是輝煌的成功，而是希望自己的生活順利、平穩，不出現意外。他們不會顯得積極和咄咄逼人，別人也不會對他們加以防備和傷害。

從吵架方式識別他人性格

有些人一吵起架來就精神百倍。因為吵架刺激這種人分泌腎上腺素，使他覺得興奮，而這種興奮是事情順利時無法感受到的。有些人害怕生氣，他們竭盡一切努力去避免爭執，如果不可避免也要儘快結束它。其實，許多人吵到最高點的時候，滿腦子只想贏，經常忘了到底為什麼而吵。而且吵架時所表現出來的語言、動作等也反映了一個人的性格特徵。

喜歡言詞攻擊的人

你非常容易動怒。雖然一開始，你只是據理力爭就事論事，可是很快便擴大到言詞上的攻擊，你會數落對手的每一件錯事，甚至攻擊對方的家庭。你實在是個差勁的戰士，你想成功的幹勁和必勝的決心，若用在其他方面很有幫助，但用在破壞關係上，造成的負面效果可太大了。這是因為你在爭執時所說的那些話，到最後都變成無理取鬧的人身攻擊。

喜歡身體攻擊的人

用身體代替說話。只要你察覺吵架快輸了，或覺得無法再用言語與別人溝通時，你就選擇直接的正面攻擊。你天生容易衝動，只要事情不如你願，你就覺得有挫折感。你會踢自己的車，咒罵路上其他的駕駛員，你會因自己的失望和自己造成的錯誤而責怪他人，甚至責怪吵架的對手不該逼你攻擊他們。

喜歡理智型吵架的人

你最喜歡的反應是「別激動！」無論在什麼情況下，你都不讓自己流於情緒化的表達方式。你是一個理性、講道理、聰明的人，認為衝動的行動、爆發式的反應不過是製造雙方決裂的手段。和你吵架沒什麼意思，因為你永遠是贏家，你的個性強烈，能夠透過理性的爭執去說服他人。

喜歡威脅式吵架的人

只要你輸了，被逼急了，便使出最後的武器：「我沒辦法再忍受了，我要離開！」其實，你無法忍受的是事情不如你意，而這個最後通牒，使你覺得自己威力大增。不過，如果有一天，對手對你說：「好！現在就走，我才不在乎！」這時你就無所適從，因為你根本沒有勇氣離開，而你預想的方式只有對方妥協一種。

喜歡散播謠言式吵架的人

你喜歡據「理」力爭，因此爭執中途，你會突然插進一句：「每個人都這麼認為。」你散布謠言或製造謠言，目的在使自己獲勝。吵架的時候，你沒有信心一個人吵贏對方，反而認為如果以團體的意見站在你這一方作為吵架的籌碼才會士氣大振。除非有人和你並肩作戰，否則你幾乎沒有勇氣表達自己的信念，至少不會打「持久戰。」

喜歡嫁接式吵架的人

面對紛爭，你會以「有本事找律師」一言而拒人千里之外。你覺得自己沒有能力單打獨鬥，必須靠他人的協助，而那些人也的確能夠幫助你。信心和成功都站在你這一方，你還尊重他人的專長。你尋求專業協助，因為你不喜歡輸，而法律行動是你可以想到的最有效的辦法。同時也顯示自己絕不輕易「操刀」的身價。

喜歡電話吵架的人

電話溝通比起面對面衝突，不但讓你更能夠藉聲音來發洩心中的怒氣，還可以將彼此的敵意侷限在兩個地方。你不怕因此受到身體攻擊，也比較能夠控制吵架情緒，是攻是守是進是退都能夠很好地控制。你可以隨時掛斷再打，或等對方再打給你。在你的生命中，有許多類似掛斷電話的委屈經驗，但你都不願直接面對處理事情。

喜歡退縮式吵架的人

你對憤怒的反應是保持沉默。雖然表面上你愉快、開朗，但內心卻怒不可遏。你不惹是生非，不破壞現狀，即使船底有個洞，船開始往下沉，你也寧可選擇溺死，而不願和他人針鋒相對，但是事實上，這種以退為進的方法常常能出奇制勝。基本上，在人際關係方面，你是個悲觀主義者，而且你認為，誠實只會使事情更糟。

第五章

從生活習慣看透人心

Part 05

◆一天刷好幾次牙的人有點神經質，許多事情他們都要重複做或者做完之後反覆檢查才能安心。他們追求完美，對自己的信心不足，他們總希望別人注意到自己，但又害怕被別人指出毛病，所以他們總是浪費時間在無關緊要的小事上。

◆這種人在處理人際關係方面，習慣向壞處想，有時候一些簡單的事情，經過他們的分析，會變得迂迴曲折，疑心比較重，似有些神經質傾向。

◆在看電視的時候，能夠保持精神高度的集中，這樣的人多做事比較認真，做任何一件事情都能夠全身心地投入。而且這類人情感比較細膩，有豐富的想像力，很容易與他人產生共鳴。在工作中，他們能夠專心致志地從事枯燥的工作，容易取得成功。

◆有閱讀新聞及財經版習慣的人認為，一個人必須以嚴肅認真的態度面對人生。他們崇尚權威，重視名譽，有很強的競爭意識，總是想超越別人。

◆如果簽名字體遠遠大於平時的字體，那麼這種人往往表現欲強烈，有自我膨脹的傾向，他們注重表面文章，在衣著打扮上特別講究，希望在視覺上給人留下耳目一新的深刻印象。

從刷牙方式透視對方內心

刷牙是人們必不可少的生活習慣，大多數人每天至少刷牙一次，以保持口腔清潔。從許多人這個習慣的背後，可以透視當事人的內心及其性格特徵。

喜歡上下方向刷牙的人

向上刷、向下刷的方式是所謂最正確的刷牙方式。這種人往往有著良好的形象，懂得自愛，是個有進取心的人。

他們的自主意識比較強，而且友善快活，心無城府。他們從小就知道怎樣安排自己的生活，為自己爭取應得的利益。雖然他們未必有那種「不到黃河心不死」的精神，但絕對不會不去嘗試就放棄的。

這種人循規蹈矩，尊重遊戲規則，討厭別人用不公平的方法跟他競爭。

在人際關係方面，他們注重施與受的比例，絕對不會讓人家佔他們的便宜，而人家若無緣無故給其好處，他們也不會接受。也許有人覺得他們處世的態度太過古板，但他們絕對不會因此而改變做人的原則。

喜歡左右方向胡亂刷牙的人

儘管曾經很多次有人告訴他們這種刷牙的方式不但不能徹底清潔牙齒，而且還會傷及牙齦，但至今他們仍然我行我素。這種人往往叛逆心理強烈，缺乏寬容心和忍耐力。

因此，這種人有許多掩飾性的行為，譬如說，他們不肯面對人際關係方面的問題，只是裝作與每個人都相處得很愉快。又譬如說，他們一點也不喜歡自己的工作，但他們不敢轉換工作，還擺出一副敬業樂業的模樣。

所以，他們待人處事的方法並不代表他們做人有原則，實際上只是顯示他們沒有勇氣去改變自己而已。

喜歡使用電動刷牙清潔牙齒的人

採用電動牙刷刷牙的人經常在研究如何以最少的努力去賺取最大的收穫。這種人希望凡事不用自己動手就能達到目的，很懂得享受。這種人最喜歡的朋友是那種肯主動照顧他們，但又不期望他們有任何付出的人。

這種人的心態不太成熟，其實，除了目前的生活享受之外，生命裡值得追求的東西是數不勝數的，但是這種人並沒有抓住合適的時機。

如果他們對現有的條件無法滿足，那麼他們會沉迷於幻想之中，心懷渴望卻不創造條件將之付諸於實踐。

喜歡使用牙線清潔牙齒的人

這種人向來以謹慎的態度處世，他們相信「牙齒當金使」，所以不輕易向任何人做出承諾，但當他們一旦答應別人一件事的時候，他們必定會全力以赴。這種人在處世方面大多謹慎小心，循規蹈矩很講信譽。

這種人也用很認真的態度去處理人際關係，他們不會貿然開口，在說話之間得罪別人。有時候由於過度謹慎，他們會給予人家一種欲言又止的感覺。

這種人有追求完美的傾向，而這點很多時候給予他們一些無形壓力。在工作上，他們有著很強的自信心和責任心，能夠很出色地完成任務。

喜歡一天刷好幾次牙的人

一天刷好幾次牙的人有點神經質，許多事情他們都要重複做或者做完之後反覆檢查才能安心。他們追求完美，對自己的信心不足，他們總希望別人注意到自己，但又害怕被別人指出毛病，所以他們總是浪費時間在無關緊要的小事上。

喜歡早上刷牙的人

每天只是在早上刷牙一次的人是個非常留意別人的看法的人。他們很在意別人對自己的印象，依靠別人的期望過日子，他們能遷就別人，注重儀表，很懂得修飾自己，給人乾淨俐落的感覺。

這種人從小就習慣於以別人對他們的期望作為本身奮鬥的目標。對這種人而言，信心是建立在人家對他們的讚賞上面的，所以在工作上常常需要的是順水行舟。

喜歡把牙膏蓋弄得不知去向的人

常常把牙膏蓋弄得不知去向，這種行為並不是我們通常所認為的這個人太粗心大意了。相反地，表示了這種人有很強的進取心，還有一定的膽識和魄力，知難而進，在面臨比較重大的事情時，一般不會臨陣退縮，做逃兵，而是勇往直前。

喜歡只在晚上刷牙的人

晚上刷牙的最大好處是防止蛀牙，所以他們往往是一群重視健康的人。只在晚上刷牙的人，多比較缺乏安全感，所以凡事總是要做得妥妥當當的，以使自己安心和放心。這樣的人為人處世多比較乾脆俐落，沒有過多龐雜的而又沒有具體意義的瑣事。他們多追求在最短的時間內以最小的精力來完成一件事。他們對結果不要求盡善盡美，說得過去就可以了。在人際關係方面，他們心態平和，從來不說廢話，對自己的話會認真負責。

喜歡採用塑膠製品的尖端來剔牙的人

這種人的預防意識多不是太強，他們很少會事先做一些必要的準備，以免有突然性的事情發生，而導致措手不及。但這樣的人不會因為沒有準備遇事就手忙腳亂，而是能夠很快地使自己鎮定下來，並投入其中，以積極的態度去解決。這種類型的人還有一個比較突出的特點就是有很強的攻擊性，敢於向某一事物進行挑戰，當他們發現自己犯了某一錯誤以後，能夠主動地去改正。

從洗澡的方式透視人的性情

有人將洗澡視為重生的象徵。洗掉每天的污穢，然後再以全新的自我迎接世界。的確，洗浴可以反映出一個人的性情，探究其心靈的祕密。

喜歡淋浴按摩的人

這種人多比較會享受生活，精通把生活變得豐富多彩的各種形式，對自己所處的現狀絕對不會輕易滿足，總是在不斷地追求新的、更高的目標。他們對新鮮事物的接收能力也是相當快的，並且自己也有可能向新的未知領域進行探索和挑戰。他們的叛逆性一般都很強，反對傳統觀念，會經常做出一些讓他人無法理解的事情。

喜歡泡泡浴的人

這種人多半很在乎自己的感受，會時常地放縱自己，可是到最後卻往往要付出沉重的代價。這一類型的人是典型的及時行樂主義者。他們還非常重視自己外在的形象，並在這上面花費巨大的時間、精力及財力，有時候甚至需要忍受身體的疼痛也在所不惜。他們會長時間地泡在美容院，仔細對自己不完美的部位進行加工。

喜愛熱水盆浴的人

這種人是一個自然主義者，在為人處世方面討厭虛假的矯揉造作，喜歡坦率而又真誠，而崇尚本性的流露。他們具有一定的叛逆性，自我意識比較強，希望自己能夠引起他人的注意；我行我素，但是比較合群，有很多朋友。

喜歡海綿浴的人

這種人在洗澡時不是泡在水中或站在噴頭下面，而是用海綿蘸水擦洗身體，好像怕水一樣，這種行為很可能是有過精神受創的童年，至今還有很深的陰影。他們最常有的感覺多是較強烈的無助感，而且缺乏安全意識，他們有一些神經兮兮，所以活得特別緊張和勞累。

喜歡熱水淋浴的人

有些人不分寒暑，經常把水溫調得較高才淋浴，他們是「感受」型的人。他們的性格大多比較外向，喜愛熱鬧，熱愛鮮豔的色彩和熱烈的事物。

這種人待人接物非常講究直覺，假如他們第一印象有好感，那麼就會與人一見如故，迅速發展友誼。他們在處理事情時感性多於理性，容易感情用事。

碰見心儀的異性，他們有時會脫離現實（例如忘記自己已婚或對方已婚），而展開熱烈瘋狂的追求；或者他們認為愛得痛苦才屬於真正的愛，就好像要用灼熱的水淋浴才能徹底把自己洗乾淨一樣。

他們為人熱情親切，不拘小節，樂於助人，許多人都認為這種

人是性情中人，喜歡跟他們打交道。不過他們思考能力稍差，沒有規劃，條理性不強，各方面都比較散漫。所以會失去很多機會。

喜歡按摩式浸浴的人

如果有人花費不菲，在家中浴室裝置了按摩浴缸的話，他們必定認為生活的壓力很大，做人做得很辛苦，需要用一切伸手可及的方式為自己減壓。

這種人在處理人際關係方面，習慣向壞處想，有時候一些簡單的事情，經過他們的分析，會變得迂迴曲折，疑心比較重，似有些神經質傾向。

他們不是守財奴，該用的錢用得頗爽快，但是假如他們仔細計算一下，他們會發現大部分的錢是花在自己的身上，捐獻出去的屬於絕少部分。

喜歡蒸汽浴的人

喜歡享受蒸汽浴的人，做事既徹底又有耐性。他們相信「天下無難事，只怕有心人」，他們認為只要肯去做，沒有什麼事是做不到的，是十分疲勞的事業型。這種態度能夠為他們帶來成功，但在人際關係方面，有些人會覺得這種人太過專橫，有點難以相處。不過，這種人往往具有一定的內涵，在為人處世方面比較沉穩，能夠抓住問題的本質，解決問題，他們有足夠的自信，大多事業有成。

從看電視的習慣洩漏你的心聲

若想了解一個人的性格，只要認真仔細地觀察他在生活中的各個細節，就會有一些收穫。看電視在我們的生活當中，幾乎是一項不可缺少的重要內容，但是你知道嗎，透過看電視，也可以觀察出一個人的性格特點。

喜歡兼做其他事情的人

一邊看電視一邊做其他的一件或是幾件事情，如邊看電視邊看報紙、打毛衣或是吃東西。這固然和所看電視節目的內容有一定的關係，但也表示，這樣的人精神飽滿，能力有餘，多有很好的彈性，能較容易地適應各種各樣的環境。在條件允許，甚至是不允許的情況下，他們都積極進取，喜歡開拓新的領域，向自己、向外界進行挑戰，且知難而退。

喜歡緊盯螢幕、目不旁視的人

在看電視的時候，能夠保持精神高度的集中，這樣的人大多做事比較認真，做任何一件事情都能夠全身心地投入。而且這類人情感比較細膩，有豐富的想像力，很容易與他人產生共鳴。在工作中，他們能夠專心致志地從事枯燥的工作，容易取得成功。

把電視當成催眠曲的人

在看電視的時候看著看著就睡著了，除去工作特別累，非常疲勞的情況外，這種類型的人的性格多是隨和而又樂觀的，在挫折和困難面前，他們往往也能夠笑著坦然面對，並積極地尋找各種方法，力爭輕鬆地解決。他們情緒穩定，心胸開闊，敢於迎接挑戰。

一遇到自己不喜歡的節目就立即轉台的人

這樣的人耐心和忍受力都不是特別強，但他們很懂得節儉，不會浪費時間、金錢、財力、物力等。這一類型的人獨立性很強，不屑於那種一哄而起，一哄而散的人。他們從小就有擺脫父母束縛的願望，成年以後就更是張揚自己的個性，堅定自己的理想，而且堅持不懈，不隨波逐流。

喜歡看大型綜藝節目的人

這種人往往充滿自信，胸襟廣闊，熱情寬容，心地善良，不願記恨別人，凡事看光明面，最能體諒別人。人際關係相當不錯，他們很有愛心，喜歡幫助別人，但是在交往過程中不善於設防，很容易吃虧上當。

喜歡看喜劇的人

這種人知足常樂，不苛求非常優裕的生活，家庭觀念濃厚，注重親情。他們幽默詼諧，能夠在愉快的氣氛中化解矛盾，在玩笑中掩藏真實的自我，往往表面上漫不經心，實際上情感強烈，一旦動情會讓人難以承受，熾熱如火。

喜歡看戲劇節目的人

這種人往往自信心特別強，敢於向極限衝鋒和挑戰，堅信自己能夠破解所有的艱難險阻。性格倔強，剛正不阿，說一不二，有統治他人的願望，但有時候裝腔作勢，不切合實際。這種人比較霸道，喜歡領導、左右別人，常因為太專橫獨裁會失去一些朋友。

喜歡驚險刺激節目的人

這種人好奇心非常強烈，對隱藏的事物頗為癡迷。為了滿足自己的好奇心，尋求新鮮的刺激，他們可能會花費大量的時間和精力去做不著邊際的事情。在工作中，他們爭強好勝，做事盡心盡力，認真負責。在生活中，為了避免平淡無奇，他們總是能想方設法把日子過得更豐富多彩一些。

從握電話的方式了解他人性格

在現實生活中，如果你留心觀察，每個人都會有不同的拿電話聽筒的習慣性姿勢。這種習慣性的動作從另一面反映出人的性格特徵。

喜歡電話聽筒離開耳朵的人

就一般而言，這類人的積極意識和社交活動能力是相當強的，如果是女性，則是一個很希望周圍的人能夠注意她，而且具有相當自信心的人。這類人適合在人前出盡風頭的職業，如演員、空姐、模特兒等。需要注意的是，她們帶著好勝的脾氣，事無大小，處處總想居於周圍人之上。此類女性總想超過男人，居於男性之上，不過在遇到一個她所傾愛的男性時，就不再那樣任性了，反而會一心一意地服侍，一改往日的性格，變得溫柔賢慧，近乎完美的賢妻良母。

喜歡邊打電話邊玩電話線的人

這種類型在女性中相當多，比依賴型人更多情。這類人常把戀愛故事中的女主角想像成自己，經常做戀愛的幻想，希望自己成為一個體貼對方的賢慧妻子，和自己的白馬王子長相廝守。這類人一方面多愁善感，另一方面卻有一個倔強的脾氣，有些古怪，容易莫名其妙地發脾氣，往往讓鍾情於他們的男人如履薄冰，戰戰兢兢。一切的幻想盡從玩弄電話線的舉止中流露出來。

喜歡抓住聽筒下端的人

這樣拿電話筒的人相當多，這都是些個性乾脆、做事爽快的人。他們具有冒險精神，個性堅韌不拔，富有行動力。而且適應能力比較強。如果是女性喜歡這樣拿話筒，則比較自負。

工作中，這類型女性完全憑自己的好惡，遇事一點也沒有通融的餘地，多數在工作中是強者，在男性面前卻是弱者，因為多數男性不喜歡與這類女性共事。

不過，生活中，這類女性對她的愛侶，卻有著非常溫柔纏綿的一面。

喜歡抓住電話聽筒上方的人

這種拿電話的姿勢女性佔多數，往往有些「歇斯底里」的氣質特點。只要遇一點小事不順心，就會大發脾氣，或是萬分傷心，情緒變化得非常快。這種人喜歡一個人靜靜地讀書，獨自欣賞音樂，或者一個人散步。她們溫文爾雅，部分男性也有類似傾向，且大多具有女性化特徵，大多體格消瘦，有些潔癖。

喜歡握住話筒的中間的人

一般人會握住話筒的中間部分，讓話筒與口、耳保持適當距離而交談。不論男女，採用這種握法通常是處於較安定的心理狀態，性格較溫順，不會無理強求。擔任銀行職員或秘書等工作者常見這種握法，電話中談吐沉靜，心態平穩自然，屬於溫和的性格。

喜歡握話筒時伸直食指的人

有些人握話筒時會伸直食指，這種握法通常表示此人自尊心強、不願聽從別人的命令，總想支配人而不願聽人支配。自我意識強、好惡明顯。這種人往往討厭受人命令，具有超前的創新精神，隨時渴望向嶄新的事物挑戰。在人際交往中，他們好惡明顯，通常成為團體的核心人物。

喜歡輕握話筒顯得有氣無力的人

打電話時，手裡的話筒好像隨時會掉下來。這類人大多唯我獨尊。

他們多半是具有獨創性及唯美派的人，做事無法持久，是忽冷忽熱的類型。這種人在打電話時不會東聊西扯浪費時間，不過他們打電話常常只是為了宣洩而很少傾聽對方的談話。這種人多半具有藝術氣質，頭腦中時常出現一些靈感，但不會長久持續，所以實現理想有些困難。

在閱讀中發掘個性特點

許多人都有閱讀習慣。閱讀是汲取知識的一大途徑，從一個人看什麼書刊以及怎樣的閱讀習慣，可以了解一個人的深層心理。

喜歡抽時間細心讀報的人

買回報紙後，並不急於閱讀而是放在一旁，用最快的速度把手頭的工作做好，等沒什麼事的時候再靜心閱讀，並將好的內容保存起來。這類人性格內向，不善交際，對身邊的人也是顯得熱情不足。但他們懂得自得其樂，生活很自在；不善言詞，但實際上是相當有主見的。他們做事獨立，注重現實，責任心強，能夠獨當一面。

喜歡讀言情小說的人

這種類型的人以女性居多，她們非常注重感情，富有同情心，能夠隨著情節的發展而同小說人物一起悲歡；很有自信心，心胸開闊，有敏銳的洞察力，有時憑直覺做事，造成一些失誤，但是能經一事、長一智，很快恢復元氣，事業成功的機率比較大。

喜歡閱讀新聞及財經版的人

有閱讀新聞及財經版習慣的人認為，一個人必須以嚴肅認真的態度面對人生。他們崇尚權威，重視名譽，有很強的競爭意識，總是想超越別人。

與人交往時，他們也有一套規律，他們不想失禮於人，同時對那些不尊重一般禮儀的人，他們是擺明態度毫不欣賞的。這類人有遠大的理想，而且也有勇氣和魄力為自己的理想奮鬥。

喜歡閱讀通俗讀物的人

喜歡看街頭小報、期刊雜誌的人大多熱情善良，直爽可愛，善於使用巧妙而幽默的話語活躍氣氛，有較強的創造能力和收集能力，那些幽默性強的話題對他們來說總是隨口就來，在愉悅自己的同時，也給周圍的人帶來了歡樂，因此也常常成為大眾眼中的寵兒。

喜歡閱讀科幻小說的人

這種類型的人具有豐富的想像力和超強的創造力，往往對科技十分著迷。喜歡構想很多偉大的計畫，但不講究實際，常常生活在幻想中，不講求實際，而且又缺乏持之以恆的精神，總是為他人喝采，而很少打造自己的輝煌，很難開闢屬於自己的天地。

喜歡看漫畫書的人

看漫畫書的時候，這種人非常投入，因此久而久之，他們無形中抄襲了漫畫書主角的說話方式、神態、心態及人生哲學。

這種人一般都是童心未泯，性格開朗，富有親和力，喜歡無拘無束、自由自在的生活，生活態度也比較隨性，想法單純，對人沒有防備之心，往往吃虧上當；不過他們還算聰明人，能從挫折中增長見聞，不再犯同樣的錯誤。

沒有閱讀習慣的人

假如一個人不是文盲，但完全沒有閱讀的習慣，表示這個人極度藐視文字，或者對追求知識提不起一點興趣。

這種人浸沉在生命的日常運作中，看電視新聞代替了閱報，看影碟取代了看小說，工作及人際的溝通已用去了他所有的時間及精力。

對這種人來說，書中的黃金屋及顏如玉都是遙不可及的神話。

只閱讀喜歡內容的人

得到報紙後會用最快的速度將大概內容了解清楚，選擇自己感興趣的內容，有時甚至因為好奇心而搶奪熟人的報紙，但是如果沒有自己喜歡的內容則會擱在一旁，很少會再拿過來看了。

這類人大多活潑外向，開朗自信，具有一定的幽默感；喜歡熱鬧，廣交朋友，對新鮮事物有很強的好奇心。他們具有一定的領導才能，但是做事往往不精益求精，馬馬虎虎，常常出錯而帶來一些不必要的麻煩。

從如何付款方式看透他人

在工作、生活中，有很多事情是需要付款才能解決的。採用什麼樣的付款方式，在很大程度上也能反映一個人的處事原則，從而為我們提供了一個了解人們性格的視窗。

選擇親自付款的人

你覺得自卑，沒成就感，但你內心卻渴望他人的注意和認同；大多比較傳統保守，接受新事物的能力差；守著一些過時的東西，缺乏冒險精神，不喜歡爭名奪利，處事謹小慎微，凡事都要自己參與，這樣才能放心。

選擇以拖代勞的人

你實在討厭付帳，甚至在「帳」產生之前，你就為不付帳找到了滿意的理由。這類人比較喜歡佔便宜，比較自私，缺乏公平的觀念，總是存在著順利過關的僥倖心理。對人也是不冷不熱的，不會主動幫助別人，總希望天上掉餡餅，不勞而獲，雖然到最後對簿公堂，但你仍舊喜歡這種生活，甚至在博弈中獲得興奮感。即使非付不可，你也希望能在時間上創造一個拖帳最長的金氏世界紀錄。

選擇按預算用錢的人

這種類型的人非常仔細，每一筆開銷都是事先準備好的，所有的開支都是在預算範圍之內。他們大多為人吝嗇，重視實務。很講信譽，說話從來都是一是一，二是二，但由於過於理智而顯得很冷漠、殘酷。

選擇把付款的任務推給別人的人

你是一個理財高手，但你對房租費、電話費以及水電費就不屑一顧。你忙著處理高額的財務，儘管如此你也不輕易授權於人。這一類型的人常無法堅持自己的原則和立場，而習慣於服從和聽命於他人領導，遇到困難總是怨天尤人，妥協退縮，沒有面對困難的勇氣。

你公私分明，注重形象，講求信義，即使在百忙之中，也常會考慮到別人的感受，所以你會時常給家人打電話，給老客戶傳達你的問候。

選擇收到帳單後立即付款的人

見單即付款的人喜歡做債主，而絕不會是一個債務上的擁有者，對於債務或帳單，他們甚至視之為「傳票」，一手交單，一手交錢，這是其慣用的辦法。這類人大多很有魄力，凡事說到做到從不拖泥帶水。他們的個性獨立，為人真誠坦率，無論哪一方面都不喜歡自己欠別人的，倒是別人可以虧欠自己的。

喜歡存錢的人

這類人大多是賺到一點錢趕緊存起來，以備應急之用。除了必要的生活開支，他們是很少亂花錢。一般來說，他們有很強的危機感和自卑感，尤其是在金錢和物質方面的不穩定因素特別強烈，對自己的未來充滿憂慮。

從座位的選擇判斷他人個性

員工餐廳、公司附近的咖啡館、會議室、資料室等等，在這些擁有較寬敞空間的房間裡，你會選擇坐在哪個位置呢？透過不同的位置，我們可以大致判斷每個人的個性。

偏好明亮位置，選擇坐在靠窗邊的人

其個性屬於普通平凡的類型。避開出入口及洗手間附近，盡可能遠離喧鬧嘈雜的客人，這類人的個性也不是特別突出。而有些人在無意識中，就會走向環境幽雅的座位，這是比較常見的情形。

選擇坐在正中央座位的人

一般來說，在沒有什麼人的情況下，大多數的人會選擇窗邊、牆邊，或者是內部較幽靜的座位，以便使自己的心情平和下來。但是，刻意挑選房間正中央座位的人，似乎就不多見了。而這種人是屬於自我表現欲強烈的類型，他們的話題總是以自我為中心，對他人的事漠不關心，聊天時不斷強迫別人聽自己說話，把自己擺在主角的位置，很少考慮對方的感受。當店裡客人多了起來，而被要求併桌一起坐時，他們會很明顯地表露出厭惡、不滿的態度。會提出強烈的抗議，絕不是隨和、好溝通的類型。

喜歡坐在入口處附近的人

屬於個性急躁的類型。他們對於周圍環境觀察入微，生活態度相當認真，永遠閒不下來，喜歡到處走動，樂於照顧他人、替他人服務。

選擇靠近牆壁附近座位的人

選擇靠近牆壁附近的座位，而且面向著牆壁以背對著其他客人的人，顯示出他們不想和其他人有任何瓜葛的心態，背對著其他的客人，熱中沉浸於自己的世界，無視於外界的存在。

同樣選擇靠近牆壁的座位，但背對牆壁、面對店內客人而坐的人，其個性應該算是很普通的類型。因為背靠著牆壁，他們便不需要擔心背後是否會有敵人偷襲，而又可以眼觀四方、耳聽八方，注意周圍的動靜。

對一般人來說，由於背部沒有長眼睛，很難注意到有什麼事情發生，因此將背靠著牆壁，是一種能令人安心的本能反應。

盡可能地選擇角落位置的人

因為這個位置能夠一眼就看清店內全景，對他們來說是最安全的位置。坐在這個位置，可以完全掌握人們的出入情況，既不會受他人注意又能仔細觀察他人。大致而言，這種人追求一種安定、穩妥的生活，由於他們習慣做一個旁觀者，基本上缺乏決策的能力，以及作為一位領導者應有的積極態度。因此，與其要他做一位領導者，還不如請他當顧問來得更加適合。

從喝水的姿勢看性格

水是生命之源。每個人每天都會不同程度的喝水。提起喝水，我們就會情不自禁想起各種各樣的姿勢。這看似平常的動作卻能反映一個喝水人的心理活動和性格特徵。

喜歡握杯子上端的人

有這種習慣的人，大多爽朗樂觀，比較粗獷，對於較細微之事不大注意。他們說話聲音大都十分洪亮，而且喜歡邊喝東西邊說話，心情非常輕鬆，顯得很愉快的樣子。

喜歡握杯子中央的人

從安全角度講，這種握杯子的方法最不容易讓杯子滑落，因此這種人屬於比較嚴謹的「安全型」，信用很好。他們適應社會的能力很強，信用頗佳，人緣很好，比較隨和，不過對別人的託付有時也會表面答應而心中犯不平。在談話中，他們善於順著對方的話題來引導對方，表現出高度的交際手腕。

喜歡握杯子下端的人

喜歡握杯子下端的人，通常個性比較敏感，安全感不夠，總覺得所有事情都會超出意料，缺乏主見，容易過度重視別人的意見。如果用這種方法握杯，而且翹起小指，那麼這個人肯定有些神經

質，遇到挫折容易灰心，所以內心總是焦慮不安。這種人是理想主義者，如果感覺有什麼不滿意的地方，喜歡立刻表現出來。

喜歡兩手握杯子的人

一隻手握杯子，另一隻手抱住杯子，看上去生怕杯子自己跳到地上摔壞。這種類型的人多半性格脆弱，內心空虛，需要有人安慰。他們常常感到孤獨，但是又很難開口與別人談心，即使談心也總是話不投機，沒說幾句就說不下去了。他們喜歡觸摸別人，這是他們深深的孤獨感所致，他們對異性特別感興趣，但由於性格孤僻，不容易相處。

喜歡喝水前搖晃杯子的人

喝水前將杯子不停地搖晃，讓杯中冰塊發出響聲。這種人往往極度缺乏安全感和穩定感，需要用下意識的小動作來緩解緊張的情緒。他們很難定下心來去做同一件事，連安安穩穩地坐在椅子上都不太容易，而是喜歡到處走來走去。他們對於很多事情都有強烈的好奇心和濃厚的興趣，很想嘗試每一件事，但不持久，往往是三分鐘的熱情。

喜歡一邊拿著杯子一邊吸菸的人

一隻手拿著杯子，另一隻手拿一根菸或其他東西。一般說來，這種人對工作和生活極度自信，很放鬆，會依照自己的個性在工作上盡情施展。是個優秀的交際人才，他們的交際手腕純熟幹練，判斷能力和決斷能力很強，說服能力也很不錯，如果施展這方面的天賦，就會有所成就。

從簽名的風格看對方性格

我們雖然不是什麼演員、明星、企業家等公眾人物，但是作為生活中的一個普通人也有需要簽名證實某種事實的需要。一個人的簽名往往代表自己的形象，從筆跡就能看出一個人是否有門戶之見，是否冷漠無情，是否目中無人，是否膽小懦弱。心理學家研究，一個人的簽名風格代表了他的個性，同時也能看出一個人的性格。

簽名時喜歡字非常大的人

如果簽名字體遠遠大於平時的字體，那麼這種人往往表現欲強烈，有自我膨脹的傾向，他們注重表面工夫，在衣著打扮上特別講究，希望在視覺上給人留下耳目一新的深刻印象。在工作上，他們好大喜功，總是將過多的任務攬到身上，給人一種能力很強的印象，但實際上，他們能力有限，遇到困難便顯得軟弱無能，無法向更深層次發展，甚至不了了之。一般而言，他們缺乏內涵，儘管在表面上下了不少工夫，但是成就大事的可能性比較小。

簽名時喜歡字非常小的人

這種人的性格與簽名特別大的人截然相反，他們往往覺得自己渺小而沒有影響力，儘管他們的構想很有價值。他們不太注重門面，不願意惹人注意，他們不但沒有自我膨脹的感覺，甚至會自我貶低，對自己沒有足夠的信心。在工作上，他們的表現不太積極，但能夠全力做好自己分內的工作。對於功名利祿，他們從不苛求，有則受之，無則安之。如果找個人激勵他，或許對他的這種焦慮心理有排解作用。

簽名時喜歡字小，且擠在一起的人

如果簽名的字非常小，而且又緊緊地湊在一起，那麼這種人把最小的空間做最大的利用，屬於非常節儉的類型。他們善於精打細算，非常節儉，但往往省下小錢而忽略了大錢。他們喜歡在廉價店裡買衣服，其實這也沒有給他們節省多少錢。

簽名時喜歡字向上的人

簽名時的字一個比一個高，不斷地上升。這樣的人通常都有雄心壯志，自信心強，而且能不畏艱辛，堅定地朝著自己的理想前進。他們積極樂觀，有必勝的決心，從來不會輕言放棄。做事之前，他們往往會有一番嚴密的籌畫，制訂出可行的計畫，在確保不會有太大閃失的情況下才會行動，朝著既定方向前進，往往可以成就大的事業。不難看出，他們的成功是從底層開始，一點一滴建立起來的。

簽名時喜歡字向下的人

簽名時逐字下降，表示此人生理或心理上容易疲勞，無精打采。他們通常是消極的等待者或妥協者，對自己缺乏信心，沒有耐力，不敢想像自己也可以有一個輝煌的未來，而是容易自暴自棄、隨波逐流。在遇到挫折和困難時，他們會拒絕面對，採用逃避的方式拒絕承擔責任，時常表現出來的無法承受的感覺讓人覺得是一種很無能的表現。

簽名時喜歡字向左傾斜的人

他們很可能是慣於違反本性的人，他們有很強的叛逆性，但這種叛逆性並非是他們真實本性的流露，而是裝出來的一種瀟灑的表現。如果他們喜歡某個人，就會對那個人顯得非常冷漠；如果討厭某個人，則會熱情周到。由於製造種種假象，外人很難捉摸他們的內心，所以真心朋友很少。不過在陌生人面前，他們能夠直言不諱，顯得誠懇而又不失幽默，與平時判若兩人。

簽名時喜歡字向右傾斜的人

這種人往往積極樂觀，充滿朝氣，和藹可親，同時又冷靜細緻，善於控制局面。在人際交往過程中，他們總是主動向他人靠近，談起話來更是令人愉快，經常一開始就成為聚會中的靈魂人物。表面上他們與其他人及所在場合融為一體，但實際上，他們常常會置身事外，以一個旁觀者的眼光來審視一切，對全局進行縝密的觀察，使所有的發展變化都逃不過他們的眼睛，這使他們成為獨樹一幟的社交高手。

一般說來，這種人有著非常強烈的自信心，做事不屈不撓，不達目的絕不甘休，即使付出極大代價也在所不惜。

簽名時喜歡在下面畫波浪底線的人

他們深知自己在當今社會上得以立足的根本是什麼，所以這種人深順隨波逐流之道，大多圓滑世故，社會經驗豐富。無論是在歡樂的雞尾酒會上，還是在暴風雨似的政治團體中，他都能夠讓自己保持在水面上，不至於沒頂。這是因為他們能夠憑藉自己多年來總結出的人生經驗，憑藉自己深思熟慮後的小心操作，使自己永遠佔據主動，處於有利地位，不會被人牽著鼻子走。

喜歡圖案式簽名的人

這樣的簽名就像一幅書法作品，富有節奏感，品味高雅。這樣的人多有很高的學識和良好的修養，性格獨特而有藝術氣息；他們沉著穩重，充滿自信，為人處世極有禮貌；他們有自己獨特的見解，有出色的想像力和創造力，他們意志力堅強，做事能夠一氣呵成，而不會半途而廢，容易獲得出人意料的成績。

從送禮認識他人性格

我們每個人偶爾都會收到一份禮物，有時候也會送禮物給別人。這是一種人際交往的方式，但是關於選什麼樣的禮物，不同的人自然也不會相同，這大都是由人的性格決定的。

選擇植物做禮物的人

這種類型的人多是缺乏自信心，而且依賴心很強，缺乏冒險精神。他們不斷地否定自己，對於自己提出的一項很好的建議也覺得沒有太大把握。他們總把希望寄託在別人身上，想去取悅別人，做事常常是配合他人，做濫好人，保持中立，無論發生什麼事，他們都不會負主要責任的。

憑自己喜好選擇禮物的人

這一類型的人多是比較自私的，他們凡事總喜歡從自己的角度和立場出發考慮問題，而不顧及別人的感受。他們自信心強，但目光短淺，只看到眼前的利益，不能著眼於未來。有很多事情，雖然他們感覺別人對自己有很大不滿，仍然意識不到自身存在的缺點，強烈的嫉妒心理，使他們很難容忍他人獲得比自己大很多的成就，他們對關係到自身利益的事情總是超乎尋常地在意，自己絕不吃虧。

選擇實用型禮物的人

這種類型的人重視的是禮物的實際功用，而不會過多考慮其品牌與包裝，在他們看來，禮物應該是實用的。他們是非常現實的，比較注意實際生活，所以也把這種標準當作規定來要求別人。雖然也有浪漫的心理，但由於受客觀條件(如經濟)的限制，還是使他們走不出這個圈子。結果這種人只為生活而生活，使生活變得像一潭死水，所以與他人的矛盾時有發生。

選擇浪漫型禮物的人

他們通常會為了俘獲一個異性的心，放出一些暗示性的「氣球」。不過他們的羅曼史卻經常和他們所特別奉送的氣球一樣，先是慢慢地「豐滿」，卻在瞬間爆炸式結束。他們在選擇禮物時常常會花很多心思，並希望能製造一些意外的驚喜，因為浪漫，他們會得到很多人的喜歡，但他們卻不太適合共同生活，他們最好是生活在衣食無憂的富足生活。他們雖然表面風光，實際上內心卻有些空虛感。

選擇幽默型禮物的人

他們喜歡送一些卡通式的，甚至會說話的禮物來表達心中的感情，或成為你對異性朋友的「代言人」。雖然他們十分熱情、敏感，為人比較隨和，而且也很聰明、有智慧，感覺敏銳無比，能洞察到別人的內心世界，但卻不擅長用語言表達自己真

正的感情。他們總是先逗別人笑，其實是希望對方在笑完之後，會接受他嚴肅的要求。他們通常是很守信的，只要答應別人的事情，都會竭盡全力，不讓對方失望。

選擇奢侈型禮物的人

雖然他們分不出流行和笨拙，有品味和沒品味，但做事喜歡出手不凡。在他看來，人不識貨錢識貨，所以受禮人會一直記得他們大方的行為，但是往往忽略了所送的禮物與要送給的人是否合適。這樣的人大多比較愛面子，有些不切合實際，而且他們的邏輯思維能力似乎也不是很強。

選擇自製型禮品的人

這種人大多是很有些個人特色的人，也就是說他們的性格比較突出，想像力和創造力也不錯。他們做事用心，總是額外花工夫做些特別的東西，雖然贏得的讚美不見得多，但他們喜歡和欣賞自己的人一塊兒分享工作的成果。這種人比較看重家庭，思想比較傳統保守，對人比較親切隨和，富有同情心，努力幫助有困難的人，有很強的自信心。

從選擇飯店看人性格

選擇在外面吃飯，是一個人日常生活中隨時可以遇到的事情，心理學家和行為學家研究發現，從一個人選擇在什麼樣的飯店吃飯，可以顯示其不同的性格來。

選擇立刻可食的麵食店的人

這種人性格內向，謹小慎微，過分膽怯向新領域挑戰，他們多是安全主義者，極為保守。

選擇漢堡店的人

這種人性格外向，對自己很有信心，屬於安全主義者。在面對未知的領域時，會極力避免因陌生所帶來的不快。

選擇便當店的人

這種人性格外向，很會享受生活，想要享受未知體驗的意識很強，是富有彈性的、極力想熟悉環境的人，善於積極地與當地的氣氛融合。

選擇有商業午餐的咖啡廳的人

這種人性格外向，對生活抱有積極的態度，屬於樂觀主義者；對「自己」有著明確感，不論在任何環境，都不會失去自己的步

調；對新的領域不但會採取積極的態度，而且會逐漸地使它成為自己的一部分。

選擇到多種餐廳用餐的人

這種人性格內向，任性保守，屬於較時髦、見解較偏頗的人。這種人是受固定觀念拘束的人，例如：吃東西應在這兒，而喝酒時又應在哪兒。

從喝咖啡的方式考察人的性格

咖啡是世界性的一種飲品，喝咖啡也形成了一種潛移默化的文化。對於現代人來說，喝咖啡已成為了一種時尚，如今越來越多的人加入了喜歡喝咖啡的行列。咖啡的種類有很多種，不同的咖啡品起來會有不同的味道和感受，人們往往會根據自己的心情、愛好進行選擇，找出最適合自己的一種。同時，從另一方面也反映了人的性格特點。

選擇冷凍咖啡豆的人

喜歡喝冷凍乾燥咖啡豆的人，很重視自己在他人心目中的形象和地位，他人的評價可能會直接影響到自己的心情。他們對新鮮的事物有一定的好奇心理，喜歡探個究竟，他們時常對自己抱有很高的期望，並常在其中迷失自己，他們樂於模仿他人的一些行為。

選擇用電咖啡壺沖咖啡的人

喜歡使用電咖啡壺沖咖啡的人，多有較強的憂患意識，喜歡在事情沒有發生之前做一些準備工作，以防萬一。在為人處世各個方面他們都顯得相當謹慎，但對於比較熟悉的人則非常熱情和大方，他們富有同情心，會竭盡所能地幫助他人排憂解難。

選擇即溶咖啡的人

喜歡喝普通即溶咖啡的人，非常珍惜時間，哪怕一點時間都不會放過，他們只要做事，就急切地想見到成果，儘管這成果並不是完美的，有時甚至會忽略其效率和品質。他們缺乏足夠的耐性，脾氣暴躁易怒，但另一方面，他們也善於開導自己，以恢復精神，準備更好地去做其他的事情。

選擇用酒精燈煮咖啡的人

喜歡使用酒精燈煮咖啡的人，多半是有些懷舊的浪漫主義情調，時常會營造出一種相當樸素而又和諧的古香古色的氣氛。他們有比較傳統的價值觀念，行為也比較保守，這使得他們有許多大膽新奇的想法卻無法付諸實踐，成為現實。

選擇濾泡式咖啡的人

濾泡式咖啡是一種最單調、最浪費時間的煮咖啡方式，習慣於這一種方式的人多有比較高的生活品味，為了使自己的付出有更多更好的回報，他們往往會延後滿足感的到來，他們是完美主義的追求者，認為既然想擁有，就一定要最好的。

選擇新奇的混合式咖啡的人

喜歡喝新奇的混合式咖啡的人，希望把自己塑造成一個完全的與眾不同的人物，並且不惜為此花費巨大的時間和精力。他們不滿足於自己是一個普通平凡的人物，他們有著自己獨特的思想，特立獨行的行為方式，而且喜歡處處表現自己。

選擇磨咖啡豆的人

喜歡自己磨咖啡豆的人，多具有十分鮮明而又獨立的個性。他們對自己充滿了自信，總認為無人能比，過度的高傲自大會讓別人感覺很吃驚，甚至是極不舒服，可是卻會記住他們。他們做事有條理，會盡量達到完美的程度，而且他們非常勤勞。

第六章

從興趣愛好看透人心

Part 06

◆喜歡騎自行車運動的人，頭腦相對要靈活許多，他們做事不會死腦筋，一條道路騎到底，而會在幾條路中選擇最便捷的一條。他們對新事物的接受能力比較強，好奇心也很強，有良好的想像力和創造力，喜歡去一些未知的領域進行鑽研和探索。

◆拉丁舞包括了森巴、恰恰、倫巴、鬥牛舞及捷舞等等，喜愛這些舞蹈的人，多是精力充沛而又魅力十足，熱情而又活力四射的。他們有很強的自我表現欲望，希望能夠吸引更多人的目光，而實際上他們也會引起他人的關注，成為焦點。

◆重視象徵榮譽物品的人，通常是對自己的現狀不滿，總認為自己曾經的輝煌不應該那麼快地湮滅，自己應該繼續享受榮譽和鮮花，所以這種人只能依靠回憶過去的光榮歷史來撫慰自己的心靈。

◆喜歡吃生菜，生雞蛋，甚至生魚，愛喝生奶等。這種人骨子裡往往隱藏著原始的動物本能，處處追求自然。他們往往性格強悍、體魄強健，英雄氣概十足，容易引起異性的關注。

◆喜歡威士忌者能充分採納旁人的意見，適應性強，出人頭地的願望強烈，只要有機會即渴望從中賺大錢或期待上司的認可。

從喜歡的寵物看主人的個性

寵物為我們忙碌的生活增添了幾分安逸和樂趣，牠成了我們寂寞時的玩伴，有時甚至與我們心心相印。對於寵物的愛好程度，可以看出一個人的興趣所在。

喜歡養貓的人

這種類型的人往往性格比較內向，一般不隨便附和他人，善於掩飾自己的情感，假如不喜歡對方就會直接表示出來。他們對待特別的人和自己都很嚴厲，甚至是冷漠，常給人留下一種不善交際、乖僻、冷漠、矯飾的印象，所以人際關係很差。

喜歡養鳥的人

這類型人大多性格孤僻，心胸狹窄，不善交際，他們認為人際關係是一種負擔，平時也沒什麼別的興趣，養鳥可以幫助他們打發時間，使他們自娛自樂。

喜歡養魚的人

這種類型的人是天生的樂天派。這類人容易安於現狀，對生活和事業都沒有太高的要求，平平淡淡才是他們的信念，所以在別人眼裡他們似乎活得很快樂，因為他們生活有情趣，懂得如何享受生活，所以「知足者長樂」。

喜歡養狗的人

通常這種人性情溫順，易給人親切感，但是他們不太主動，往往按照他人的想法辦事。比較外向，喜歡說說笑笑，很容易與他人打成一片，社交能力很強。他們胸無城府，不善掩飾自己的情感，情緒化嚴重，喜怒哀樂皆表現在臉上或言談舉止中，而且缺乏主見，容易人云亦云，隨波逐流。

喜歡養土狗的人

養這種狗的人都比較憨厚，為人誠實，與世無爭，喜歡過一種平凡恬淡的生活，不過，他們時常低估了自己對朋友的忠誠和熱愛。一旦找到了自己的生活方式，會很知足地維持現狀。

喜歡飼養名貴狗的人

這種人大都具有歇斯底里的性格，而且有著強烈的自我表現的欲望，他們往往認為這是身分與地位的象徵。他們有很強的猜疑心和佔有欲。

喜歡飼養流浪狗的人

撿到流浪狗，把牠帶回家，顯示出你是一個善良、有同情心的人，願意敞開家門，歡迎那些比你不幸的人。不過，也可能表示你沒有能力拒絕他人，如果真是這樣，那麼你習慣讓別人進入你的生活，照顧他們，然後讓他們對著你頤指氣使。

運動愛好是心理的外露

人的生命在於運動，運動對於人來說是一種必需，因為它是保持健康體魄的一種很好方式。在生活當中，絕大多數人也都在運動，不同的人會選擇不同的運動方式，這往往是一個人心理的反映，也能看出一個人的性格。

喜歡打籃球的人

喜愛籃球的人多有較大的理想和較高的目標，他們經常對自己抱有很高的期望，自信心很強，認為自己比別人出色，有能力超越別人。為了達到這樣的目標，他們可以做出很大的努力和犧牲。這其中可能避免不了要遭遇失敗，但他們受挫折以後多不會一蹶不振，灰心喪氣，相反地，他們的心理素質比較好，能夠重新站起來再接再厲，屬於積極上進，充滿理想和活力的類型。

喜歡足球的人

足球是令很多男士魂牽夢縈的東西，足球運動本身就非常刺激，能讓人興奮。喜歡足球的人，應該是相當有激情的，對生活持有非常積極的態度，有戰鬥的欲望，拚勁十足的人。這類人面對一些事情能拿得起放得下，在激烈競爭中成功的可能性很大。

喜歡高爾夫球的人

高爾夫球是一種象徵著身分、地位和財富的貴族消遣運動方式，喜愛並不一定都能玩得起，凡是能夠玩得起的人，多是具有比較強大的經濟後盾的，而其本人也可以稱得上是個成功者。他們能夠成功是具備了成功者必備的素質——堅強的毅力、寬闊的胸懷、遠大的理想、不達目的不甘休的精神等等。可以看出喜歡這種運動的人大多愛面子，講究衣著，留心自己的言行舉止，比較有涵養。他們對朋友很熱情，也很真誠，所以也得到很多朋友的支持和熱情。

喜歡在體育館或俱樂部運動的人

喜歡在體育館或是健身俱樂部裡做自己喜愛的運動的人，大多比較外向，喜歡和很多人在一起而不是單獨一個人。他們通常有這樣的思想，只要不是一個人受苦，就不反對為了鍛鍊身體和維持健康而受苦。他們會經常參加一些有組織性的活動，在這個過程中，又能夠遵守紀律。這一類型的人有一個最大的特點就是好奇心較為旺盛，喜歡打探別人的祕密和隱私。

喜歡在家運動的人

購買運動器材，在家裡做運動的人，可能是個十分衝動的人。因為一時衝動，想買運動器材，結果就買了，可是通常卻鍛鍊不了幾回，因為家裡事情多，比較繁瑣，而且也沒有那麼堅強的毅力，所以買回來的運動器材也通常是擺在房間裡生灰塵。

喜歡舉重的人

喜歡舉重的人多比較偏重於追求表面化的東西，而忽略一些實質和內涵，他們通常很在意外表，希望有一副好得不得了的身材。他們也很在意他人對自己持什麼樣的態度，並為此可能會改變自己，迎合他人，使其認為自己與眾不同，自己做的事別人往往做不來。

喜歡慢跑的人

喜愛慢跑的人，一般來說，性情都是比較溫和、親切，對人也較熱情，他們在很多時候能夠和很多的人建立良好的交往關係。他們的心態比較平和，在絕大多數時候能保持冷靜，他們沒有太大的野心和抱負，比較容易滿足現狀。

喜歡競走的人

喜歡競走的人，其性格是叛逆的、反傳統的，他們喜歡標新立異，盡情地向人嶄露屬於自己的獨特的東西，如果當下有一種時尚流行，他們一定會另外找個新花樣。他們的自主意識比較強，不希望被人管制和約束，而渴望自由自在的生活，想做什麼就做什麼。

喜歡騎自行車的人

喜歡騎自行車運動的人，頭腦相對要靈活許多，他們做事不會死腦筋，一條路騎到底，而是在幾條路中選擇最便捷的一條。他們對新事物的接受能力比較強，好奇心也很強，有良好的想像力和創造力，喜歡去一些未知的領域進行鑽研和探索。

喜歡走路的人

把散步當成是一種運動方式的人，他們的為人就和走路一樣，既不稀奇也不時髦，但是一直堅持下來，從中受到的益處卻是無窮無盡的。

他們沒有很強的表現欲望，對能夠很好地突出自己的事情並沒有多大的興趣，也不喜歡馬拉松賽跑或吸引他人注意，他們只是保持著相對的平穩，做自己該做、能做的事情，他們很有耐心，並且也有信心做好每一件事情。

從旅遊的愛好透析個性密碼

旅遊是一種集吃、喝、玩、樂、行於一體的綜合性消遣活動，可以鍛鍊體質，增長見識，拓展交際，更可以實現遊遍世界的美好願望，為自己的人生增添了無盡的色彩。心理學家發現，人們喜愛的旅遊方式，與他們的性格有著密不可分的關係。

喜歡探親訪友的人

有的時候，這種探訪可能是到幾百里外去給親友一個驚喜。這類人待人真誠，注重情感友誼，講信譽，他們把感情看得很重。在探訪親友的過中，會獲得極大的快樂和充實感，他人的熱情款待證實了他們的努力沒有付諸東流，他們是成功的，他們做事多實事求是。

喜歡戶外活動的人

這類人往往精力充沛，熱情開朗，精明能幹，敢於面對現實生活中的各種挑戰。他們待人真誠，心直口快，想什麼說什麼，不會粉飾自己，這種直爽的性格很受周圍人的喜歡。但是面對工作時，他們常常會感到莫名其妙的煩躁，廣闊的外在空間並不能激發他們的想像力和創造力。他們很難全心投入到工作當中。

喜歡長途旅行的人

這類人性格外向，好奇心強烈，對枯燥的、一成不變的生活感到厭倦，需要充滿刺激和豐富多彩的生活來滿足自己。這類人往往比較敏感，感情脆弱，在挫折面前不堪一擊。

喜歡大海和海灘的人

這類人大多思想保守、傳統，生性孤僻，獨處對他們來說是最好的享受；心事較重，不善於流露自己內心的真實情感，所以看上去總是心事重重，顯得很憂鬱。他們不太善於人際交往，無論是對朋友還是事業夥伴。但是他們對家庭的責任心很強，尤其在子女的教育方面會投入大量的時間和精力。

喜歡露營的人

這類人大多思想傳統、保守，推崇傳統倫理觀念，並嚴格按照崇高的道德標準來規範和約束自己的一舉一動，具有很高的道德素質。這類人個性獨立，具有豐富的想像力，能夠化平凡為神奇，但有時脫離現實。他們不喜歡長輩的庇護和約束，在為人處世方面，不卑不亢，講究原則，有良好的交往之道。

喜歡自然景致的人

這類人崇尚自由，追求無拘無束、輕鬆自在的生活，無法忍受刻板、乏味、一成不變的生活。他們精力充沛，好奇心強，具有豐富的想像力和創造力，並且很有膽識和魄力，敢於向一些未知的領域進行挑戰，狂熱追求新思想和新事物。他們責任心強，能對自己以及他人負責，是值得信賴的人。

喜歡隨旅行團旅遊的人

這類人往往比較豪爽，待人真誠熱情，能夠設身處地地為他人著想，尊重和理解他人。他們富有理性，注重客觀現實，具有一定的邏輯思辨能力，做事從容，有計劃性，工作能力較強，能認真完成上司交給的任務。缺點是不喜歡動腦筋，凡事都希望別人安排好，自己只要照著做就可以了，性格有點軟弱，缺乏主見，容易隨波逐流，喪失自我。

喜歡出國旅遊的人

這種人追求時尚，對新鮮事物充滿好奇心，總是以創新者的身分走在時代的最前端。喜歡求變，對新鮮事物情有獨鍾。這類人精力充沛，對人生充滿信心和熱情，具有一定的幽默感，生活中的壓力和磨難經常在談笑風生中化為烏有，瀟灑自如，幾乎給人一種隨心所欲的感覺。

從喜歡的音樂看性格特徵

音樂是人類生活當中一項重要的娛樂活動。從古至今，音樂給人們帶來了無窮的樂趣，很多人也和音樂結下了不解之緣。音樂是一種純感性的東西，一個人喜歡聽哪一類型的音樂，就說明他在這一方面的感覺比較好，而這種感覺很多時候又是這個人心理的真實反映。由此可知，透過分析喜愛音樂的種類也可以窺探到人的某種性格。

喜歡聽古典音樂的人

多是一個理性比較強的人，他們在很多時候要比一般人懂得如何進行自我反省，自我沉澱，能夠用理智約束情感，從而留下對自己非常重要的東西，將那些可有可無的，甚至是一些糟粕的東西拋棄。這樣的人大多很孤獨，自我陶醉在音樂之中，從中汲取了很多人生感悟，很少有人能夠真正地走到他們的內心深處去了解和認識他們，所以音樂一定成了他們的夥伴。

喜歡搖滾樂的人

這類人多是對社會不滿，有些憤世嫉俗，經常把持不住自己。當出現不愉快的事情的時候，他們需要依靠以搖滾的形式來發洩自己心中的諸多情緒。

他們會時常感到迷茫和不安，需要有一個人領導其逐漸找回已經喪失或是正在喪失的自我。他們喜歡到處張揚，希望能引人注意，結果卻恰恰相反，他們不會給人留下太深刻的印象。他們很喜歡與一些志同道合的人交往，他們害怕孤單和寂寞，喜歡團體生活，希望將音樂作為滿足各種欲望的工具。

喜歡鄉村音樂的人

這類人多十分細心敏感，對一些問題常會表現出過分的關心。他們為人多較圓滑、世故和老練沉穩，輕易不會動怒，不會做出令自己後悔和有損利益的事情，能夠與遭受欺凌的弱小產生共鳴。他們的性格多較溫和、親切，攻擊性欲望並不強。他們比較喜歡一種穩定和富足的生活，不喜歡大城市的紛繁與喧鬧，並為自己所嚮往的生活不遺餘力。

喜歡爵士樂的人

這類人其性格中感性化的成分往往要多於理性，他們做事很多時候都只是憑著自己的直覺出發，而忽略了客觀的實際。他們喜歡自由的、無拘無束的生活，希望能夠擺脫控制自己的一切，我行我素。他們對生活往往是追求豐富多彩的東西，討厭一成不變的任何東西。他們的生活多是由很多不同的方面組成的，五光十色的夜生活常常令他們流連忘返，但是生活與理想相差太遠，而這些方面又

總是彼此互相矛盾著，從而給他們在表面上籠上了一層神祕的面紗，使他們在人面前永遠是魅力十足的。

喜歡歌劇的人

這種類型的人性格中有很多比較傳統、保守的成分。他們多是比較情緒化的人，易出現偏激行為，但在大多數時候懂得控制自己的情緒，不會隨便地發作。他們做事比較認真和負責，對自己要求很苛刻，總是要求表現出最好的一面，而努力做到盡善盡美。

喜歡背景音樂的人

這種類型的人想像力是相當豐富的，而他們的生活態度卻有點脫離現實而活在幻想中，這就使他們有許多必然的失望。不過他們比較善於自我調節，能夠重新面對生活，只不過幻想並沒有減少。他們的感覺是相當靈敏的，往往能夠在不經意間捕捉到許多東西。他們樂於與人交往，哪怕是不熟悉的人也能很快地與他們打成一片。

喜歡流行音樂的人

這種類型的人屬於平凡的隨波逐流類型，在戀愛和人際交往過程中，遠離複雜的思慮，家人和妻子會為他們解決人生中諸多問題。簡單是流行音樂的主旨，這並不是說喜歡流行音樂的人都很簡單，但至少他們在追求一種相對簡單和自由自在的生活方式，而讓自己輕鬆快樂一些。

喜歡頹廢音樂的人

他們多有自卑感，從某種程度上來說他們的性格是較矛盾的。他們討厭一個人的孤獨和寂寞，渴望與人交往，但他們又很難與人建立起相對良好的交往關係。在這種情況下，他們會產生一種很反叛的心理，頹廢音樂正好使這種心理得到了滿足。而且，這種類型的人多崇尚暴力，有自我毀滅的傾向。

喜歡進行曲的人

這種類型的人大多墨守成規，滿足現狀，不求思變，缺乏行動力，力求完美，是完美主義的典型。他們對自己的要求非常高，不允許出現半點差錯，而現實中的不完美常常使他們動搖、失望，甚至遍體鱗傷。

從喜愛的舞蹈探析人物性格

跳舞是人類最古老的一種溝通方式，它超越了所有的文化，是社會化過程中相當重要的一環。舞蹈就像語言一樣，不斷演進，同時反映出社會的價值和歷史變遷。一個人跳舞的方式和喜愛的舞蹈，比說話更能透露出一個人的個性，這好比人可以用嘴撒一個謊，但是用跳舞來撒謊卻是難上加難。

喜歡芭蕾舞的人

這類人一般多有很強的耐心，能夠以最大限度的忍耐性把一件事情完成，同時他們也很遵守紀律，具有一定的組織性，有很強的團隊精神。他們有一定的追求和理想，常會為自己設定一些目標，然後努力地去完成它們，絕不半途而廢。除此以外，他們的創造性也是很突出的，常會有一些與傳統背道而馳的驚人之作。

喜歡跳踢踏舞的人

這類人多精力充沛，表現欲望強烈，希望能夠引起他人的注意。在遭遇挫折和磨難的時候，極有毅力，從不虎頭蛇尾，他們能夠堅持下來，從而度過難關。他們的時間觀念比較強，時間對他們來說是寶貴的，浪費時間就是浪費生命，而且他們的隨機應變能力比較突出，在面對任何一件比較棘手的事情時，都能夠保持沉著冷靜，認真地思考應對的策略，懂得如何進退，以保全自己。

喜歡探戈的人

這種人往往多是不甘於平庸的，他們總是追求生活的豐富多彩，最好還要帶有一些神祕性。他們很重視一個人的才華和素養，他們認為這可能是比其他任何東西都重要的。

喜歡華爾滋的人

華爾滋是一種相當優雅、平衡感十足的舞蹈。喜歡這種舞蹈的人，多十分沉著穩重，為人比較親切隨和，有一定的社會經驗和閱歷的人。

他們精通各種禮儀，深諳人與人之間十分微妙的關係，社交能力比較強。

所以在為人處世、待人接物等方面，經過時間的磨練和自我的要求，他們總會表現得十分得體，恰到好處，在無形之中流露出一種成熟而又高貴的氣質和魅力，所以很容易得到他人的欣賞，頗受尊重。

喜歡拉丁舞的人

拉丁舞包括了森巴、恰恰、倫巴、鬥牛舞及捷舞等等，喜愛這些舞蹈的人，多是精力充沛而又魅力十足，熱情而又活力四射的。他們有很強的自我表現欲望，希望能夠吸引更多人的目光，而實際上他們也會引起他人的關注，成為焦點。

喜歡跳搖滾舞的人

喜歡跳搖滾舞的多是一些年輕人，畢竟這是一種需要耗費大量體力的舞蹈，人上了年紀，即使是喜歡，也有可能跳不了。無論是喜歡跳的還是只能喜歡而無法跳的，大多是充滿了反叛思想行為的人，搖滾往往更容易使人發洩心中的任何不滿情緒。喜愛跳搖滾舞的人，思想多是比較先進、前衛的，但這些先進、前衛的思想往往又很難被人接受理解，更不要說認可，這讓他們非常苦悶，所以搖滾舞成為他們發洩心中不滿的工具，可以看出，他們是相當孤獨的一群人。

喜歡跳交際舞的人

這類人多很樂意與人交往，對人與人之間那種相對頻繁和友好的互動關係更是情有獨鍾。他們在為人處世方面多是比較謹慎和小心的，而且具有較強的組織和創造能力，有著非常廣泛的社交圈子。

喜歡跳爵士舞的人

爵士舞基本上來說是屬於一種即興的舞蹈。喜歡這種舞蹈的人，多具有聰明、機靈和較強的隨機應變能力。他們在為人處世方面多不拘小節，只要能說得過去就可以了，而且具有一定的幽默感，這種幽默感並不是故意表現出來的，而是一種機靈和智慧的自然流露。他們很喜歡和很多人在一起，但並不害怕孤獨，如果只是一個人也能夠尋找和創造樂趣，內心很充實。

從臥室裝飾愛好看主人性格

臥室可以說是一個非常個人化的空間，它可能是唯一一個完全屬於自己的場所。只要把這一有限的地方充分加以利用，就可以擁有各種各樣的風格。有的會把它變成絕對私密的個人空間；有的會變成一個公共空間；還有的用一些裝飾物進行裝飾。無論怎樣，都能傳達主人是一個什麼樣的人。

喜歡起居室就是臥室的人

臥室就是生活的中心，它可以用來吃飯、睡覺，還可以用來娛樂。這一類型的人，多是比較外向的，他們希望自己能夠多些對他人的了解，同時也希望他人能夠對自己多一些認識。他們渴望能夠擁有一塊真正屬於自己的自由空間，然後隨心所欲地做一些事情。他們的自信心不是特別強，但自我調節能力很強，受到挫折後不會一蹶不振，心灰意冷，而是能夠使自己很快重新站起來。

喜歡英雄式臥室的人

在生活中，幾乎每一個人都有自己崇拜和敬仰的人物，有些人習慣把自己所崇拜和敬仰人物的海報貼滿臥室。這一類型的人性格多少有些孤僻，若想更好地與人相處，存在著一定的困難；而且還有一些不注重實際，常會放棄一些唾手可得的東西，而去追求那些遙不可及的事物。他們缺乏自信，常常進行自我貶低，而抬高他人，他們總是覺得自己處處不如人。

喜歡睡覺式臥室的人

房間只是用來睡覺的，其餘的事都要在其他的空間進行。這一類型的人的臥室經常保持整潔、樸素，每一件東西都有其自己的位置和特定的空間。他們的性格與臥室有著一定的相似之處，他們在為人處世各個方面都有一定的規律性，而且懂得控制自己的情緒，不輕易發怒，他們能夠保證自己在絕大多數情況下表現得都非常得體、自然。

喜歡裝潢過的臥室的人

雖然被裝潢得美輪美奐，但卻沒有多少鮮明的個人特色，這表示這間臥室的主人雖然有一定的欣賞格調，但卻拘於形式、規律而無法放開手腳，自由活動。他們對自己缺乏自信，經常否定自己。為了維持現狀，他們總是千方百計地想辦法以最好的方式應付出現的各種情況，而絕對不會惹是生非。多數時候他們寧可奉命行事也不願意當主管。

喜歡倉庫式臥室的人

這一類型的人，雖然外表上看起來可能也是非常利落的，但實質上則是十分拖遝。他們為人多是比較熱情的，但做事缺乏認真負責的精神，常常得過且過，敷衍了事。

喜歡臥室裡有玩具和健康器材的人

這一類型的人多是外向型的，他們比較開朗活潑，為人熱情親切，而且還具有一定的同情心。他們希望生活中時時充滿激情，而討厭死氣沉沉，一成不變的慢節奏生活。

喜歡孩提時代的臥室的人

這一類型的人有比較濃厚的懷舊情結，常常會陷入到過去的某種情境中而無法自拔。他們樂於受到父母親人的保護及約束限制，在思想上並不算十分成熟。他們多有較強烈的依賴心理，缺乏冒險意識，最樂於過目前這種衣食無憂，逍遙自在的日子。

從收藏的風格識透對方性格

有人喜歡收集收藏品，為的是等待日後升值；有的人收集收藏品是為了提高個人修養，陶冶情操；有的人收集收藏品為的是向別人炫耀，以顯示其高雅脫俗，不同凡響；也有的人收集收藏品是為了懷念過去……收藏品五花八門，收藏者的性格也是各具特色。根據專家的說法，從一個人所收集的收藏品可以了解到這個人的性格。

喜歡珍藏象徵榮譽物品的人

重視象徵榮譽物品的人，通常是對自己的現狀不滿，總認為自己曾經的輝煌不應該那麼快地湮滅，自己應該繼續享受榮譽和鮮花，所以這種人只能依靠回憶過去的光榮歷史來撫慰自己的心靈。

喜歡珍藏書籍、雜誌和報紙的人

這種人多是些文化底蘊深厚的人。他們有學識和上進心，喜歡在家裡享受看書的樂趣，一人獨處，自得其樂。藏書雖多，資料豐富，但大多數都已經過時，沒有了使用價值，但他們依然想憑藉這些來顯示自己的博學，所以在實際生活中總是比別人落後半拍。也可以看出這類人有些自命清高，而且很固執，不太容易接受他人意見。

喜歡珍藏照片、明信片的人

這類人喜歡回憶過去歡樂的情景，相片為他們和記憶中的人或景拉近了距離，使舊感情更加濃郁。這種類型的人自我表現欲望強烈，渴望他人能了解自己。他們接受新鮮事物的能力較強，而且自我調節的能力也很強。

喜歡珍藏藝術品、古董的人

因為藝術品和古董往往代表高雅、博學，更是財富的象徵，這些跡象表示收集者比較注重自己的社會地位和身分，由於收藏品的等級和價值是收藏者之間品位和目光的較量，所以他們的好勝心都很強，極有優越感。

喜歡珍藏旅遊紀念品的人

由於受收藏品的特性所決定，他們不斷地追求新鮮、奇特並具有探幽索隱的勇氣。為了追求令自己滿意的藏品，他們樂於冒險，敢於出入高山野嶺、荒漠戈壁，結果天南地北都留下了他們的旅行足跡，他們對自己的理想非常癡迷，但是，由於他們的計畫有時缺乏計畫性，結果往往差強人意。

喜歡珍藏玩具的人

這種人熱情、開朗、崇尚自由，嚮往無拘無束的生活，善於滿足，知道分寸，家裡是他們最快樂的場所，寧靜安逸的生活是他們莫大的享受。他們留戀過去，對曾經擁有過的一切感到自豪，並極力保存於記憶當中，總是用一顆赤子的心激起興奮和幸福；他們追求的就是年輕，總是想方設法保持快樂，例如和孩子一起玩，給他們買玩具。他們自我調節能力很強，面對挫折或生活中的不如意能很坦然，而且有很好的人際關係。

喜歡珍藏舊票據的人

這類人有很強的組織和領導能力，細心，辦事條理清楚，按部就班，但是他們的精力大部分浪費在無用的細節與沒有意義的過程當中，從而影響成功的速度，甚至錯過很多機會，因為他們擔心的危險，出現的機會實在是太渺茫了。他們生活得很平實，偶爾也有尋找刺激的念頭，但考慮到眾多的細節總是無法行動起來，所以他們的生活幾乎是一成不變的，種種設想只是停留在原地而已。

從對食物的偏好見性情

一般人的身體狀況，通常由其飲食習慣決定，譬如肥胖的人多半喜吃甜食，腸胃不好的人容易緊張，而一個人的個性又與其健康狀況息息相關。心理學家研究表示：人的性格與口味有著密切的關係。

喜歡吃生食的人

比如喜歡吃生菜，生雞蛋，甚至生牛肉，愛喝生奶等。這種人骨子裡往往隱藏著原始的動物本能，處處追求自然。他們往往性格強悍、體魄強健，英雄氣概十足，容易引起異性的關注。

喜歡吃冷凍食品的人

這種人往往嚮往大自然，喜歡大自然中清新的空氣，美麗的花草，熱中於各種與大自然親密接觸的活動。他們性格剛毅，意志堅定，做事有堅持到底的信念。他們寡言少語，待人冷漠，顯得很不熱情，不易親近。但是，他們內心是相當真誠，忠實可靠，朋友不多，但卻是知交。

喜愛吃蝦的人

這種人性格保守，有執著精神，為實現自己的欲求，犧牲一切也在所不惜。他們雖然有一定的能力，卻不善於交際，人際關係也較不好，因此這種人很孤獨。

喜愛吃魷魚的人

這種人性格內向，喜靜不喜動，只是喜歡幻想，屬於行動和判斷都很平常的類型。他們很少採取冒險、大膽的行動，是消極的保守型。不過這種人很重視人際關係，所以很受周圍人信賴，有很好的人緣，最適合做個平凡的上班族。

喜愛吃米飯的人

一個人喜歡吃米飯，這個人屬於自我陶醉、孤芳自賞的人。他們對人對事處理都比較得體，比較圓融。但是這種人過於獨立，互助精神一般都比較差。

喜愛吃麵食的人

這種人性格外向，善交際，能說會道，左右逢源，喜歡誇誇而談，往往不會考慮後果、也不會顧及影響。他們樂於幫助別人，也會接受他人的回報，知心朋友比較多。這種人的意志不夠堅定，做事常常會半途而廢。

喜愛吃油炸食品的人

這種人不太注意養生保健，生活隨意，不拘小節。常常具有一定的冒險精神，有理想，希望做一番事業，但是這種人有時情緒不夠穩定，一旦受到挫折就會灰心喪氣，一蹶不振。

喜愛口味重的人

喜歡吃很鹹、很辣、很酸或者刺激性的東西，也就是人們常說的口味重的人，往往性情激烈，愛恨分明，敢愛敢恨，城府很深，性格果斷，待人接物比較穩重，對人有禮貌，做事有計畫，喜歡埋頭苦幹，但是常常不太重視人與人之間的感情，有時還有點虛偽。

喜愛吃瓜子的人

這樣的人一般肚量比較大，心情比較寬鬆，屬於笑口常開一類的人。一個人能夠笑口常開，顯示他們樂天安命，知足常樂。不過，這類人的進取心太過淡薄，事業不容易成功，不太適合比較功利化的社會。

汽車嗜好是個人品味的縮影

隨著國民經濟水準的提高，對一些人來說，擁有屬於自己的汽車不再是夢想。喜歡什麼樣的車子，往往是個人品味的縮影，由此也可對一個人的性格有個大致的了解和把握。

喜愛吉普車的人

這種人性格剛強、粗放，爭強好勝，虛榮心很強，取勝欲望強烈，希望把他人遠遠地拋在後邊，自己永遠保持第一名的優勢。自主意識也比一般人強烈，能夠不辭辛苦地進駐許多交通工具無法到達的地區，討厭規則與束縛，敢想敢做，闖出一條屬於自己的道路。

喜愛進口車的人

這種類型的人多是比較現實的。一般說來，他們缺乏團隊合作精神，處處為自己打算，雖然也有很強的交際能力，但必須以物質為橋樑，所以給人自私的印象。他們朋友雖多，但多是利益之交、酒肉朋友，一旦遇到真正困難，則會陷入孤立無援的境地。

喜愛休旅車的人

這種人性情溫和，誠實可靠，比較勤儉節省，過日子時喜歡精打細算。他們總是能利用有限的時間、精力和金錢做出與之不等量的事情來。他們不慕虛榮，為人樸實，在很多的時候會贏得他人的尊敬和讚揚。

喜愛豪華車的人

這種人或是有錢，或是有權，往往都是位高權重的人。他們性格外向，比較自信。希望自己的表現與眾不同，並且具有一定的影響力，能夠吸引他人的目光。他們時常有成功的感覺，這種感覺多來自他人的讚美，可這又不是完全真正發自內心的肯定。儘管如此，他們野心勃勃，準備在新的社會階層獲得更大成功。

喜愛敞篷車的人

這種人屬於外向型的性格，他們樂於與外界進行各種接觸，而討厭死氣沉沉的生活，他們喜歡熱鬧，對色彩鮮豔華麗的事物情有獨鍾。他們對人多比較熱情，富有同情心，能夠給予他人關心和幫助，而且不求回報。這一類型的人，對新鮮事物的接收能力也是很快的，比較時尚。

喜愛雙門車的人

這種人的控制欲和佔有欲望是很強烈的，他們希望自己能夠領導他人而不是被他人領導。某一事物，一旦進入他們的視線，他們就會盡一切努力去爭取，有股不達目的誓不甘休的念頭。在為人處世方面，他們更多地在乎自己的感受，而很少顧及到他人的心理。如果與人發生衝突，他們會毫不手軟地打倒對方，如果他們一旦喜歡上什麼東西，也會盡一切努力去爭取，不擇手段。

喜愛四門車的人

這種人有較強的獨立個性，他們討厭被人所左右。因為自己有過深刻的被人限制的感受，所以他們從來不會去約束別人，他們在絕大多數時候會尊重他人的意見和看法，給他人更多的自由選擇的餘地。這一類型的人善於把握人際關係的分寸，待人親切，所以會贏得更多人的依賴和尊重，為自己營造出比較好的人際關係。

酒是品味的試金石

常言道：「酒後吐真情」。其實，從他選擇喝什麼酒的一剎那，你就能明白他是怎樣性格的人。心理學家研究表示，喝酒的癖好最容易反映出一個人的性格。

喜愛喝啤酒的人

喝啤酒是心情輕鬆愉快的表現，他們渴望從苦悶的環境中獲得解放。

這類人通常比較自然，心胸寬廣，待人坦誠，與任何人都合得來，具有服務精神，愛取悅他人，也容易獲得別人的好感。

約會時喝啤酒的人是渴望對方和自己有同樣的心情，或內心期待愉快的交談，既不矯揉造作也不愛慕虛榮，可稱為安全型。

喜愛喝高粱酒的人

這種人多半對社交活動有著濃厚的興趣，積極參與，富有活力，交際廣，但缺乏耐心和細心，善於調和各種矛盾，同時具有很強的同情心，因此經常扮演好好先生的角色。他們「耳朵」很軟，常常礙於情面，接了本該拒絕的事。他們正義感強，同情弱者，希望為弱者伸張正義。他們在公司或職場中由於關照部屬，深受部屬們的愛戴，卻很難獲得上司的認可。他們總是能夠在混亂的局面中發揮卓越的能力。他們會憑藉極大的耐心、自己的能力去做一些自己很難做到的事，雖然失敗多卻也有大成就。

喜愛喝威士忌的人

喜歡威士忌者能充分採納旁人的意見，適應性強，出人頭地的願望強烈，只要有機會即渴望從中賺大錢或期待上司的認可。不過，威士忌的不同飲法使得同樣選擇威士忌的人，性格也存在著不同程度的差異。

一是喝稀釋的威士忌的人，在聚會和宴會時，他們善於製造氣氛和融洽關係，是應酬的好手。他們的適應能力強，渴望能充分把自己的觀念傳達給對方。他們在工作上具有敬業精神，很得人好感。

二是在威士忌中加冰塊的人則是個實用主義者，凡事都以實用為本，性格開朗，不會裝腔作勢，不過他們的語言表達能力較差，缺乏主見，容易得罪人。

三是喝純威士忌的人具有男性氣概、冒險心強，討厭受形式束縛，不畏權威，對強權勢力帶有叛逆性。他們富有創造力、獨創性，又具有正義感。他們外表上待人冷淡，實際上內心熱烈，摯友不少。

喜愛喝黃酒的人

那些愛喝黃酒的男人，對酒的愛好很有分寸。這種人是自制力很強的一類，絕不會被酒迷惑而貪杯，也不會酒醉而亂發酒瘋。並且對自己的人生也有著清醒認識，有著很強的自信心。他們從不會讓酒力迷惑他們的心智，即使是不勝酒力的時候，也能保持清醒意識，能夠把握住自己的身體，不會因喝酒說出醉話或做出失態的舉動來。他們具有懷疑精神，不輕易相信成說定論，總以自己獨特思維去考慮問題，能做出令人驚奇的成績，成為脫穎而出的佼佼者。

喜愛喝高級洋酒的人

絕大多數人對酒的要求並不嚴格，他們只是把酒當作溝通感情、聯絡友誼的工具，並未對酒的身分給予太多的關注。但是，有些經常喝酒的人，特別是經常喝酒的年輕人，對價格昂貴的洋酒卻比較鍾情，成為洋酒一族。他們認為喝洋酒是一種身分和地位的象徵，所以用洋酒待客，來顯示自己的富有或者是自認不俗的品味。這些瀟灑的年輕人在社交場合，用餐必有洋酒。這種人思想比較前衛，衣著講究，他們不一定很富有，卻很喜歡轟轟烈烈的事情，好大喜功，但不踏實，總是很浮躁，容易摔大跤。

喜愛喝雞尾酒的人

喜歡喝雞尾酒的人一般都不會像喝其他酒的人那樣狂飲，更不會爛醉如泥。他們喝雞尾酒是為了享受一種有品味的氣氛，而不是僅僅為了喝酒。他們責任感強，舉止行為得體，有很高的工作熱情，在工作上能充分發揮自己的個性與才能，為人誠實，值得信賴。

喝甘甜的雞尾酒是不太喜愛酒精的男性，他們或渴望邀約女性享受飲酒的氣氛，或期待藉酒精緩和對方的情緒。

這種人比較敏感，容易被環境所左右，是個沒有主見和缺乏照顧別人能力的人。

喜愛喝葡萄酒的人

選擇葡萄酒的人，多屬於幹勁十足的類型，想做就做，是一個現實主義者。他們凡事都著眼於眼前，對金錢和權力的執著心很強。相對而言，是較不浪漫，但很實際、穩健的那類人。

他們多屬於強烈追求夢想和理想的類型，同時會是一個好伴侶，可惜因為常疏忽了小節，機會也隨之而錯過。

喜愛狂飲的人

喜歡狂飲的人，常常是喜歡把杯中的酒一飲而盡，所以給人一種豪爽不羈、性格外向的感覺。其實，這種人並不見得是真正喜歡喝酒的人，他們只是「醉翁之意不在酒」。

這種人往往不滿意在現實生活中的自己，多半覺得自己太懦弱，缺乏主見，容易隨波逐流。而透過這種豪放式的飲酒方式，在一定程度上讓他們感覺到自己的個性發生了改變。所以，這種人常會在喝酒時做出一些他人意想不到的事。

第七章

從社交風格看透人心

Part 07

◆在交換名片後，附記上交換的時間、地點，以免日後忘記的人，做事細心謹慎，他們興趣廣泛，頭腦靈活，很會出謀劃策。

◆留著舊時通訊錄的人，說明他是一個比較重感情、而且懷舊的一個人，總希望能重溫舊日時光，即使是彼此之間的感情已經結束了，也還是不放棄他們，因為想在記憶中保留一份美好的回憶。

◆平日看起來很開朗，一喝起酒來就掉眼淚，這種人通常是熱情的浪漫主義者。感情細膩，但比較柔弱，謹慎沉穩。

◆在談判時，對方身體坐在椅子前端，腳尖踮起，呈現一種殷切的姿態，這極有可能是願意合作，產生了積極情緒的表示，當對方有這種情緒，往往成功的機率大一些。

從交換名片來探知心態

名片已成為人們生活中不可或缺的一部分，從某種程度上也可以說是看清他人的一個視窗。但是光從各式各樣精美的名片去認識一個人還不夠，我們還應注意人們交換名片的方式，因為交換名片的方式往往反映了一個人當時的心態。

名片上不亮頭銜的人

這種類型的人個性很強，討厭一些虛偽不實，矯揉造作的東西，他們我行我素，討厭受制於人，也不願按別人的驅使做事。他們很有自信心，相信自己的實力，所以不太看重別人的看法和評價。他們的想像力和創造力也很強，而且踏實努力，所以很容易取得成功。

名片喜歡用粗體大字的人

這種類型的人大多自我意識比較強，具有強烈的功利心，但是待人平和親切，善於辭令，懂得分寸，很有紳士風度。他們熱中於追逐名利，性格有些剛強，使人很難接近，不過相處多了會發現他們也有溫柔的一面，他們會熱心幫助他們認為值得幫助的人，而且會全力以赴，不求回報。

喜歡塑膠套名片的人

這種類型的人表面上熱情、真誠、豪爽，實際上卻是心胸狹隘，愛慕虛榮的。他們有著強烈的佔有欲，在別人面前喜歡把自己擺在優勢位置，不能忍受別人比自己強，喜歡自吹自擂，故弄玄虛，而且不在乎別人的異樣眼光。嫉妒心強，而且多疑，為了達到目的會不擇手段，是不可交往的一類人。

喜歡附記時間地點的人

在交換名片後，附記上交換的時間、地點，以免日後忘記的人，做事細心謹慎，他們興趣廣泛，頭腦靈活，很會出謀劃策。他們的交際方式十分獨特，能夠用心去經營與朋友的關係，因此，他們的朋友特別多，待人周到體貼，是值得信賴的朋友，這也是他們走向成功的一個重要原因。他們對待工作認真負責，把重要的工作託付給他們，上級還是比較放心的。

喜歡到處散發名片的人

不分場合、對象，像散發傳單一樣亂發名片的人很有野心，喜歡抬高自己，是個自我表現欲強烈的人。他們把名片發出去之後，甚至會忘掉是在何時何地把名片給了誰，他們外表看起來很開朗而且處事謹慎，但實際上往往輕諾而寡信，在交際方面表現得不夠誠懇，也未必得到他人的重視，反而會令人有些莫名其妙。在工作方面，看似積極努力，實際上卻言行不一，讓人無法信任。

喜歡把名片作為吹噓資本的人

有些人經常沒事就掏出一大堆別人的名片，誇耀自己同這些人的關係非同一般，這是炫耀心理在作祟，掏名片的目的非常清楚，這是他們誇耀和顯擺自己的一種方式，希望他人能夠對自己另眼相看。這種人有著強烈的表現欲望，實際上，這正反襯出他們的交際能力，他們迫切希望自己得到他人的認可。這種人多屬於以自我為中心的類型，儘管如此，這類人大都口才好、活動能力強、精力充沛、有魄力、討人喜歡，不過有些過分注重外表。

經常忘帶名片的人

這類人性格粗心大意，做事草率，以小見大，他們對生活和事業缺乏系統安排，為人處世較為輕率，行為粗枝大葉而且缺乏遠見。這種人是喜歡及時行樂的人，他們把人生欲望看得很淡，喜歡過一種與世無爭、平淡的生活。

從用餐和點菜方式分析對方性格

到一個有情調的餐廳用餐，是一件愉快的事，而且從每個人的用餐習慣中，我們還可觀察出他的性格。通常在你心情特好，錢袋滿滿時，你上西餐廳會用哪一類的餐點呢？不同的選擇可以看出不同的性格。

喜歡重質又重量的套餐的人

你是一位一絲不苟，性格深沉穩重的人。整體來說，你是一個生活非常有品味的人，注重精神生活，不過你的過於嚴謹的個性，使你的社交受到一定的侷限，你應多放開心懷，才能廣交朋友。

喜歡點招牌菜的人

這種類型的人性格直率，坦誠踏實能幹，是那種「吾心既定，打死不退」的死硬派。你的活動性及企圖心強烈，喜歡與人交際相處，有很強的虛榮心，喜歡享受處處被人圍繞歡呼的感覺。你富有領袖欲，社交活動力特別強，雖然與任何人都頗合得來，仍得小心遭人陷害。

喜歡點自助餐的人

你個性特別趨向於愛別人，行動上往往有很大的容忍度及同情心，做起事來十分快捷，從來不畏苦懼。你這種急性子的人，不喜

歡慢慢吞吞的做事作風，那會把你活活悶死，你無論說話、寫字和做事都是一副高效率作風，意志堅強而樂觀進取。

喜歡立刻點菜的人

一般來說，喜歡這種點菜方式的人多是公司主管或朋友中權威人物，他們在這種場合發揮著也是一個主角的作用。如果他們不點菜，可能沒有人主動點菜，可見，這種人的確具有很強的領導風範。

喜歡最後點菜的人

這種類型的人一般來說，性格偏於內向，具有同情心，但是缺乏自信。他們不敢先於別人點菜，又不敢不點，於是到了最後，他們只能附和著大眾，不得不點菜。這種人自主意識比較差，總是牽強附和別人的想法和意見，這樣他才能在大眾團體中保持一席之地，是大家公認的老好人。

只點自己喜歡吃的菜的人

你是一個積極樂觀、完全不拘小節的人。做事果斷，但是不會

考慮結果如何，對問題的思考不夠全面。先看價格後，迅速做出決定的人是合理型的；選擇自己想吃的人是享受型的；比較價格與內容才決定的人，則為人比較吝嗇。

喜歡點異於別人的菜的人

你是一個不易受人影響的人，很少表現出「從眾心理」，不會附和周圍人。這類人有自信，有主見，做事特立獨行，不易受他人影響。有些事並非出於本願，但為了與眾不同，故意擺出高姿態。

喜歡說出自己想吃的東西的人

你是一個性格直爽、胸襟開闊的人，難以啟齒的事也能輕而易舉、若無其事地說出來。這種人待人不拘小節，大而化之，不過內心是寬厚善良的。可能是人緣好的緣故，有時說話尖刻，也不會被人記恨。

喜歡先請店員說明菜的情況後再點菜的人

你是一個自尊心強的人，討厭別人的指揮，在做任何事之前，總是堅持自己的主張。你做事喜歡特立獨行，創造性強，追求與眾不同，做任何事都追求不同凡響。

從通訊錄看性格

人是不會單獨在這個社會上存在的，總是和一些或是很多人保持著一定的聯繫，而這些人的聯繫方式除了記在頭腦裡以外，為了以防萬一，還會記在通訊錄上。

通訊錄幾乎是很多人都有的，但是一個人對通訊錄持什麼樣的態度，這從一定程度上是由一個人的性格所決定的。

喜歡珍藏舊通訊錄的人

留著舊時通訊錄的人，說明他是一個比較重感情而且懷舊的一個人，總希望能重溫舊日時光，即使是彼此之間的感情已經結束了，也還是不放棄他們，因為想在記憶中保留一份美好的回憶。這種人待人真誠熱情，喜歡交往，心胸寬廣，重情義，處事光明磊落，不拘小節，很受周圍人的尊敬與愛戴。

喜歡每年都更換通訊錄的人

他們是一個非常注重於實際的人，誰對自己的幫助大，誰對自己的幫助小，他們自己在心裡往往有一桿秤，分得很清楚。他們很現實，有時候做事一點兒情面也不留，讓人覺得這是一個相當冷酷的人而無法接受，給人一種勢利眼的感覺；可是在另一方面，他們又是比較仗義的，不虛偽，乾脆俐落，敢作敢當，凡是和自己站在同一條戰線上的，多能夠為對方付出，與此同時，也會有人情願為他們付出，是平等合作的好夥伴。

喜歡使用抽取式通訊錄的人

這類人的社交範圍是相當廣的，他們認識很多人，所以必須要以最快的速度為這些人在記憶找個落腳的地方，以便日後隨時聯繫，他們大多很繁忙，總是有許多做不完的工作，時間表安排得滿滿的，但他們做事的效率又很高，大多數時候心態也比較平和，不會手忙腳亂，屬於社會活動家類型。

喜歡使用鉛筆記錄通訊錄上內容的人

表示這在一類型的人在絕大多數時候為人處世都是十分小心和謹慎的。他們之所以用鉛筆記錄與人聯繫的方式，多是對對方持懷疑態度，如果有什麼事情證實自己的懷疑是有一定根據的，他們可能很快就會將這個人在通訊錄上刪去，而不會再與之交往。他們的思維嚴謹細密，比較世故，生活上一般都比較節儉。

喜歡使用便宜通訊錄的人

這類人在很多方面都不是特別地講究，他們多是隨隨便便的人。他們非常實際，什麼東西對自己有用的時候就保存，沒有用的時候就丟棄，絕不會拖泥帶水。他們討厭一成不變的東西，希望能夠不斷地接受新鮮的人或事物，充實到自己的生活中來。他們對朋友也是如此，容易結識新歡忘舊友。

喜歡使用昂貴通訊錄的人

這類人的性格與使用便宜通訊錄的人在很多方面是相對的。使用昂貴通訊錄的人，他們的生活態度是嚴謹小心的，與人交往就有建立長久關係的意願，因為他們深知單打獨鬥、闖蕩社會的艱難，

所以一旦有誰真正地進入到他們的生活中，他們就會真心對待，給予足夠的尊重，這種感情尤其是在緊要關頭，會淋漓盡致地表現出來，這時候他們是最可靠的，也是提醒對方自己對他們珍視的程度。

喜歡使用皮夾或皮包型通訊錄的人

這類人的性格不是特別堅強，缺乏必要的安全感，總是想得到他人的關心和幫助，只有這樣，才會使他們的情緒穩定下來。他們總是感到不安，生活中的很多事情讓他們畏縮不前。他們比較內向，並不太輕易與陌生人交往，與之交往的一些人，多是一些比較親近的人。

喜歡把通訊和聯繫方式隨便記在什麼地方的人

他們沒有一個專門的通訊本子，這樣的人生活常常是一團糟的，他們的任何東西都是沒有規律的，組織能力和自我約束能力也很差。但他們大多都有較聰慧的頭腦，在某一方面有一定的專長，有非凡的創造力和想像力，所以很可能會做出一些重大的成就，但是由於他們又比較脆弱，所以失敗的機率也很大。

從酒後的行為辨別對方性格

交際場合，喝酒是不可避免的。有些男人一喝酒即判若兩人，有些人則依然故我。俗話說：「酒後吐真言。」從一個人醉酒後的行為往往能夠反映一個人的性格。

喜歡滔滔不絕地訴說的人

原本沉默寡言者黃湯下肚後變得滔滔不絕，通常是平日的人際關係過於緊張的緣故，於是借酒來放鬆自己，展現自己生動活潑的一面。也可能是一個恭敬有禮的人，性格一絲不苟，具有頑強的耐性。他們平時比較穩重，做事嚴肅認真，他們通常對長輩採取恭謹的態度，而對女性表示尊重。

酒後習慣沉默寡言的人

平常活潑好動或具有攻擊性，樹敵也多，這類人是果斷實踐自己觀念的人，當內心有所牽掛時，酒後通常會變得消沉。

如果每次喝酒都是這樣，則可能是缺乏自信，總覺得心裡不踏實，多半盼望改變自己目前的生活。他們比較內向，不願意讓周圍的人看懂自己，所以平時會特意地表現得很堅強、很能幹，喝醉的

時候往往曝露了心理最原始的狀態。平常生動活潑的人，喝酒後變得消沉抑鬱，從心理學的角度而言是極為危險的。

醉酒後常常流淚的人

平日看起來很開朗，一喝起酒來就掉眼淚，這種人通常是熱情的浪漫主義者。感情細膩，但比較柔弱，謹慎沉穩。喜歡某女性時會熱烈追求，無法壓抑自己的感情。在日常生活中，雖然恪盡職守表現誠意，卻經常懷有不滿，於是性格更加情緒化。

酒後如故的人

喝酒後仍然保持原貌的人，過去在這方面有過慘痛的教訓，對自己的缺點有高度的警戒心。他們很難與環境相融，不喜歡與不熟悉的人交往，而往往把自己的真實情感掩藏起來，但是為人講誠信，做事有條理，信守承諾。

酒後喜歡唱歌的人

酒後喜歡安排卡拉OK的人，多比較世故，有服務精神，喜歡照顧人，具有社交性、樂善好施，是公私分明的人，將來有發展，值得信賴。他們不畏失敗，會充分發揮自己的個性，能努力工作。

醉酒後變得很兇的人

有些男性平時老實不愛說話，也不顯眼，一醉酒即動粗或向在座者發牢騷，這種人生性頑強又具行動，酒醒後如大夢初醒會對醉中的失態表示抱歉。這種人在日常生活中謹小慎微，唯唯諾諾，對長輩言聽計從，做事兢兢業業，處於最底層，也許，是過分壓抑造成酒後的反常舉動。

酒後喜歡睡覺的人

有些男性喝酒後會昏昏欲睡。這種人通常是性格內向、意志薄弱者，他們性格柔順，比較傳統，中規中矩。在人際交往上，他們總是避免與人衝突，原則性不強，以老好人姿態出現，對旁人的意見經常表示附和；與異性的交往如果被父母反對會失去勇氣，過於老實而缺乏魄力。

從姿勢探知談判對手的心態

在商場上，談判是經常要遇到的事情。小到買東西討價還價，大到國際間的貿易談判，都會用到談判的技巧。作為代表己方的一個談判者，應據理力爭，盡力維護己方利益。談判時你會注意到談判桌下的腳呈現不同的姿勢，而正是這些習慣動作，可以看出一個人的心緒。

喜歡兩隻腳踝相互交疊的人

某人兩隻腳踝相互交疊，你就應注意此人是不是正在克制自己。因為人們在克制強烈情緒時，會情不自禁地腳踝緊緊交疊，各種場合，無一例外。當對方有這種情緒時，你就應該抓住對方心理，從心理上攻破對方。

喜歡腳尖踮起的人

在談判時，對方身體坐在椅子前端，腳尖踮起，呈現一種殷切的姿態，這極有可能是願意合作，產生了積極情緒的表示，當對方有這種情緒，往往成功的機率大一些。

喜歡兩腿交叉蹺起的人

說話時，身體挺直，兩腿交叉蹺起，這一姿勢表示懷疑與防範。所以，在談判推銷商品或個人交往中，要注意那些「蹺二郎腿」的人。而對那些坐在椅子上而蹺起一隻腳來跨在椅臂上的人要引起足夠的警惕，因為這種人往往缺乏合作的誠意，對別人的需求漠不關心，甚至還會對你帶有一定的敵意。

喜歡左腳在前，左手放在褲袋裡的人

如果對方雙腳自然站立，左腳在前，左手放在褲袋裡。這種人的人際關係相對而言較為協調，所以他們從來不給別人出什麼難題，為人敦厚篤實。這種男人平常喜歡安靜的環境，給人的第一印象總是斯斯文文的，不過一旦碰上比較氣憤的事，他們也會暴跳如雷。所以即使他成為談判團成員，也不能一概認為他「沒脾氣」，也得引起足夠的重視。

喜歡雙腳自然站立，雙手插在褲袋裡的人

如果對手雙腳自然站立，雙手插在褲袋裡，取出來又插進去，他們通常是比較謹小慎微的人，凡事喜歡三思而後行。在工作中他們往往缺乏靈活性，也很固執，所以要想說服他們可要下一番工夫。

喜歡兩腳併攏或自然站立，雙手背後的人

最容易對付的人應該是那種兩腳併攏或自然站立，雙手背在背後的人。他們大多在感情上比較急躁、倔強，性格直爽、率真，很容易被激將，而且他們很少對別人說「不」，做事總是堅持到底，不尋個究竟不肯甘休。

喜歡雙腳自然站立，偶爾抖動一下雙腿的人

在談判桌上大出風頭的一定是將雙腳自然站立，偶爾抖動一下雙腿，雙手十指相扣在腹前，大拇指相互來回搓動的人。這種人表現欲望特別強，如果要舉行遊行示威，他充當的角色大都是領頭的角色。這種人性格傲氣，喜歡高高在上，人際關係一般。

喜歡雙腿不停抖動的人

如果你發現對方有人兩腿不停地抖動，或者用腳輕輕敲打地面，表示他的心理很緊張或無聊、無奈。如果對方常有重複不斷地蹺腳，一會兒左腿放在右腿上，一會兒右腿放在左腿上的動作，表示他對會談不感興趣或感到厭煩，他不想再談下去了。

從KTV聚會看對方性格

從不練習，唱起歌來結結巴巴的人

在 KTV 唱歌時，別人讓他唱他就唱，不管播什麼歌就開口唱起來，即使唱得結結巴巴、一塌糊塗也不在乎。這種人做什麼事情都不投入，唱歌也抱著「應付」、「湊和」的心態。在工作上，他們抱著混日子的心態，有事情做就行，做得好不好無所謂。他們在人際關係方面也處於被動，沒有一個認真負責的態度，跟誰交往都可以，但都交往不深，不會主動與朋友聯繫、經常消失得杳無音信，無影無蹤。

喜歡先謙虛不唱，然後一鳴驚人的人

剛開始唱歌的時候，他會找一大堆藉口說自己不會唱，推脫說某某人唱得比他好多了，應該先請他們開口等等。推來推去，最後好不容易請他拿起麥克風，你會發現，他簡直是無所不會，而且具有專業水準。這種人非常重視別人對他的看法，很有表現欲，但又有些膽怯和虛偽，獲得這種人的友情的最佳方法是讚美他們。

喜歡只唱自己拿手的歌，全神貫注、旁若無人的人

這種人往往是個很執著又內向的人。他們不太顧忌周圍的環境，比較以自我為中心。對於新事物，他們不願意嘗試，對於困難

盡可能繞開走。比較任性，希望什麼事情都由自己做主。在工作中，他們往往很難掌握主動權，因為他們缺乏向現實妥協並順應現實的能力，專挑難度高的歌，很注意自己的台風，每次唱歌從咬字發音、面部表情到肢體動作都配合得完美無缺，顯得頗為專業，很容易贏得掌聲。這種人如果不是音樂工作者，那麼一定是個追求完美又喜歡挑戰的人。他們喜歡表現自己，希望每件工作都能獲得讚美，這樣的人一般比較有品味，生活事業都有一定的層次。

喜歡專門幫別人點歌的人

這種人從不跟別人搶麥克風，最多只在別人不唱的空檔唱一首自己喜歡的歌，自得其樂一下。這種人待人真誠，具有奉獻精神，但是對自己有些消極。他們很不善於表現自己，在工作上默默耕耘，甘心做配角。

雖然他們腳踏實地，人際關係也很不錯，但是事業上很難有大的成就，因為他們實在太過被動，萬一人家沒有提供給他表現的「機會」，那他就只好寂寞到底了。

從交際場合看對方的為人

在現實生活中的每個人，即使能力再強，也不能孤立地生活在這個世界上。人與人之間是需要相互理解、相互溝通、相互協助的，這樣人類社會才會不斷地進步與發展。所以人際關係是每個人都應面對和解決的問題。當然，從個人的交際行為和交際圈子也能看出一個人的性格特徵。

喜歡在公益活動中交朋友的人

一般而言，這類人自尊心很強，很有思想和品味，具有濃厚的人情味。他們講信譽，時間觀念強，與他人約定的時間或事情，一定會信守承諾，準時完成。做事講原則，而且有毅力，一旦決定做一件事情，就一定會做到底，即使遭遇挫折也會一如既往，勇往直前。這樣的人雖然對金錢看得比較淡，但是卻熱中於權力和名譽的爭奪。

喜歡和同性相處的人

這類人往往性格內向，思想傳統、保守。不善交際，在異性面前容易緊張，甚至顯得手足無措。他們做事容易縮手縮腳，缺乏衝勁和魄力。喜歡按部就班地做好本職工作，沒有太大欲望。不過，他們做人誠實，講信譽。

對女性冷漠的男性

這類人善於掩飾自己的真實情感，他們的感情比較脆弱，之所以對女性態度冷漠，倒不是因為缺乏愛心，而是故意在壓抑自己，害怕對方知道他們的弱點，所以總是想與其保持距離，即使面對自己心儀的對象也是如此。這類男性很沉穩，事業心強，有耐性，凡事喜歡循序漸進，累積到一定程度的時候，就會石破天驚，讓人刮目相看。

對男性冷漠的女性

這類人具有比較強的自我防禦意識。在為人處世方面，這類女性不卑不亢，能夠清晰流暢地處理各種人際關係。她們對名利沒有興趣，只希望能夠獲得一個輕輕鬆鬆的工作，過著穩定的生活。在感情方面，她們向來本著順其自然的原則，雖然有時也會比較孤獨，但是她們知道，屬於自己的幸福遲早都會到來。

喜歡和異性相處的人

這種人往往心胸狹窄，嫉妒心強。他們有著較強的自我顯示欲，希望得到他人的關注和認可，比較重感情，能夠珍惜友誼。

喜歡和長輩或高位者相處的人

這種人往往缺乏安全感，依賴心強，有自卑心理。但也可能具有極強的野心和魄力，有自己的設想和計畫，想要開拓更高的領域，成就更大的事業。後者大多性格剛烈，敢作敢當，膽大心細，可能有出奇之舉。對於長輩或者位高權重者，他們往往走兩個極端，要麼非常尊重，甚至敬畏，要麼就是不太把他們當一回事，平起平坐。

喜歡和晚輩或比自己地位低者相處的人

與前一種人相反，這種人很可能氣魄不大，喜歡在比自己低的人面前表現優越感，喜歡教導別人，發號施令。他們虛榮心比較強，領導欲和控制欲外露，會引起一些人的反感。不過他們待人真誠，關心別人，在別人需要幫助的時候，都會全力以赴地施以援手。

只選擇有工作關係的人為友

這種人是典型的功利主義者。這類人事業心特別強，喜歡爭名逐利。感情淡薄，人際關係方面不講情面，坦率而露骨，雖然缺乏人情味，但是很少欺騙別人。

第八章

從職場上看透人心

Part 07

◆失敗以後能夠實事求是地坦然面對，並且能夠仔細、認真地分析失敗的原因，進行歸納和總結，爭取在以後的工作中不犯類似的錯誤的人。這種人性格外向，有城府，有才氣，為人處世比較沉著和穩定，具有一定的進取心，經過自己的努力，多半會取得成功。

◆桌面上收拾得很乾淨、很整潔，但抽屜內卻是亂七八糟的人，這樣的人雖然有足夠的智慧，但往往不能腳踏實地地做事，喜歡耍一些小聰明，做表面文章。

◆貌似博學的人，多少有一些才華，也能廣泛地談及其他各門各類的知識，但是博而不精、駁雜不純，未免有欺人耳目之嫌。

◆喜歡閱讀垃圾信件的人，其好奇心是比較強烈的，希望能夠接受一切自己感興趣的東西。基於這一點，他們對新鮮事物的接收能力特別快，因為有些東西是比較無聊的，他們在看的時候，又練就了自己的忍耐力和包容力。

如何識別企業裡的人才

識人才能用人，不了解一個人，就不能用好一個人。

怎樣才能識人？其先決條件在於能公正無私，一視同仁，管理者必須具備如此胸襟，方能發掘真正人才。人才猶如冰山，浮出水面者僅30%，沉於水底者達70%。所以，在一個企業裡，一些工作人員的巨大潛力未得到充分發揮，是常有的事，而作為老闆應善於識別他們，使之不被埋沒。

怎樣識別你企業裡的人才呢？可以從以下幾個方面進行：

看重他有沒有雄心壯志

有才能的人必然有取得成就的強烈願望。他們通常有著遠大的理想，有著遠見卓識，而且他透過努力能更好地完成任務，不斷地去尋求發展的機會。

有無需要求助於他的人

如果你發現有許多人需要他的建議、意見和幫助，那他就是你要發現的人才了，因為這說明了他具有解決問題的能力，而他的思想方法為人們所尊重。

是否有帶動性

他是否能帶動別人完成任務，是誰能動員別人進行工作以達到目標，就是顯示出他有管理的能力。

他是如何做出決定的

注意能迅速轉變思想和說服別人的人。一個有才幹的高等管理人員往往能在相關資訊都已具備時立即做出決定。

他能解決問題嗎？

如果他是一個很勤奮的人，他從不會去向老闆說：「我們有問題。」只有在問題解決了之後，他才會找到老闆報告說：「剛才有這樣一種情況，我們這樣處理，結果是這樣。」

他比別人進步更快嗎？

「人才」通常能把上級交代的任務完成得更快更好，因為他勤於做「家庭作業」，他隨時準備去接受額外任務。他認為自己必須更深地去挖掘，而不能只滿足於懂得皮毛。

他是否勇於負責

除上面提到的以外，勇於負責是一個企業人才的關鍵性條件。

要成為一個有遠見的領導人，你必須懂得人是有個性的、有特徵的，只有了解人的個性特點，才能夠真正做到管理好企業。古人指出：用駿馬去捕老鼠，不如用貓；餓漢得到寶物，還不如得到一碗粥。用物、用人，在於得當；使用不當，埋沒了寶物、人才，就收不到應有的效果。

從工作態度探析他人性格

人們在自然而然中都會將自己的性格特徵表現在對工作的態度上，所以若想認識和了解一個人的性格，可以從他對工作的態度上進行觀察。

對工作認真負責的人

這種人性格外向，坦坦蕩蕩，對人真誠，凡事都會認真對待，做事很有分寸，勇於承擔責任。在工作中，沒有機會的時候會積極地尋找機會、創造機會，有機會的時候會牢牢地把握住機會，他們很容易獲得成功。在情感方面，感情專一，很有責任感，是值得依靠的對象。

努力工作卻沒有效率的人

這種人性格內向，優柔寡斷，凡事都想得很多，拿不起放不下。在面對一件工作的時候，首先想到的是自己該負擔的責任、後果等問題，總是擔心失敗了會怎樣，所以時常會表現出猶豫不決的神態，因為顧慮的東西實在太多，行動起來就會瞻前顧後、畏首畏尾，最後往往會以失敗而告終。

失敗後，善於為自己開脫的人

工作失敗了，不斷地找一些客觀的理由和藉口為自己開脫，設法推卸和逃避責任的人。這種人性格極端自私，愛耍小聰明，處處想表現自己，過分愛慕虛榮，他們常常以自我為中心，做事華而不實。情感方面也是朝三暮四，佔有欲望強烈，易產生傷害。

失敗後，勇於坦然面對的人

失敗以後能夠實事求是地坦然面對，並且能夠仔細、認真地分析失敗的原因，進行歸納和總結，爭取在以後的工作中不犯類似的錯誤的人。這種人性格外向，有城府，有才氣，為人處世比較沉著和穩定，具有一定的進取心，經過自己的努力，多半會取得成功。

順流進，逆流退的人

這種人工作比較順利，就非常高興，但稍有挫折，便灰心喪氣，甚至是一蹶不振。他們多性格脆弱，意志不堅強，多愁善感，有美好的理想，但在實行時遇到困難容易妥協、退步，不能成就很大的事業。

從主持會議風格看性格

無論是企業、公司、院校和政府機關，開會就像吃飯和喝水一樣司空見慣；而踏入社會的人，無論背景如何深厚，資格如何高不可攀，身居何等要職，都難以避免出席會議或主持會議。會議上的表現也不盡相同，有的長篇累牘，有的簡明扼要，但只要留心觀察你就會發現，主持會議與一個人的性格有著密切的關係。

喜歡簡潔明快的人

這種人屬於外向型性格，性情直率、坦蕩、真誠，敢想敢做，快言快語，辦事雷厲風行，對工作對生活都充滿信心，做事很有原則，主持會議亦清晰明瞭，內容安排得當，講話時條理清晰，言之有物，令與會者為之欽佩，是擔任領導的人才。但由於辦事雷厲風行，所以做事情時容易犯錯誤。

喜歡在會上不說廢話的人

這種人性格直率，作風正派，有文才，修養也好。事業多有成就，有一定的身分、地位和手段，對自己目前所擁有的一切滿懷信心，而且堅信自己會擁有更多更美好的東西。他們通常是靠自己的真才實料得到現今的位置，頑強的毅力是他們取得成功的保證。他們做事胸有成竹，從容自若，很有大將風度，但總是固執己見，不容他人說話，很難得到大家的喜愛。

喜歡發言結尾不清晰的人

這種人性格消極，有些神經質，缺乏自信，總是擔心自己說錯話或做錯事。喜歡猶豫，前怕狼後怕虎，出差錯時喜歡嫁禍於人。

喜歡謙遜有禮的人

這種人彬彬有禮而又謙卑含蓄，讓其他人暢所欲言，自己卻很低調。他們往往是領導有意提拔的人，至少是領導信任的務實派，有一定的發展前景，他們非常小心謹慎，有時猶豫不決而難與他人達成共識。

喜歡只做「傳聲筒」而不表態的人

這種人主持會議，只是將下級的意見一點不差地呈現給高層，再把領導的指示原封不動地傳達給大家，而自己不會發表任何言論。這一類型的人，非常圓滑世故，絕對不會輕易地得罪誰，盡量遠離紛爭，並利用別人來達到自己目的，處世老練，可以成為政壇高手。

喜歡把會場當課堂的人

這種人性格外向，幽默風趣，博學多才，多屬於專家型人物，在某一學術領域非常精通。因為學問高，開會的時候，他們會以老師的姿態站在與會者面前，不厭其煩地講解「學生們」不明白或懂得不透徹的理論和觀念，常常忘記了時間、地點和自我；而被誤認為學生的與會者則會哈欠連天，瞌睡連連。不過，他們在為人處世方面心高氣傲，對自己專業之外的人和事都很漠然。

喜歡在會上信口開河的人

這種人自私狹隘，比較勢利眼，由於近水樓台的緣故，他們與高層通常是總裁級的人物接觸密切，所以成為他人眼中的紅人，而且常常自豪不已。他們會毫不客氣地用大部分會議時間來做自我宣傳，信口雌黃，而且不允許其他的人置疑，還會動不動地打斷他人的發言，進行一番補充說明。他們反應敏捷，善於阿諛奉承，欺下媚上。

喜歡在會議上優柔寡斷的人

這種人很有涵養，有知識，大有發展前途。彬彬有禮而又謙卑含蓄，一點也不咄咄逼人，允許其他的與會者在會議上暢所欲言，提出自己的觀點，但往往由於眾說紛紜，拍板猶豫不決而難以和與會者達成共識，結果降低了自己的威信，讓下屬心存不服。

喜歡在會議上耍威風的人

他們在公司大多處於不高不低的位置，一方面有些志在必得，另一方面又很貪心，一心想往上爬。這種人性格外向，城府較深，有心計，他們喜歡擺架子，顯威風，總是讓很多不相關的人參加會議，如若人手不夠，還會派部屬到場吶喊助陣，濫竽充數。他們常常打著「群眾意願」的幌子，中飽私囊，在「多數民意」面前，上級常常無話可說。

透過辦公桌狀態觀察對方性格

每個人在工作的時候都有一張辦公桌，那麼在這一張桌子上，如果能夠仔細觀察的話，也可以發現許多的祕密，這些祕密是什麼呢？這就是透過辦公桌所呈現出來的種種表象，觀察一個人的生活態度和他到底是什麼樣的性格。

喜歡辦公桌上整整齊齊的人

不管是辦公桌的桌面上，還是抽屜裡，都是整整齊齊的，各種物品都放在該放的位置上，讓人看起來有一種相當舒服的感覺，這表示辦公桌的主人辦事是極有效率的，他們的生活也很有規律，辦事嚴肅認真，原則性強，該做什麼事情，總會在事先擬訂一個計畫，這樣不至於有措手不及的難堪。他們很懂得珍惜時間，能夠精打細算地用不同的時間來做更多有意義的事情，而不是浪費掉。他們的責任心強，凡事小心謹慎，避免失誤發生，他們多有一些很高的理想和追求，並且一直在為此而努力。

但是他們習慣了依照計畫做事，所以對於一些出乎意料發生的事情，常常會令他們感到不知所措，在這一方面，他們的應變能力顯得稍微差一些，缺乏冒險精神，少了一點開拓和創新精神。

喜歡在抽屜裡習慣放一些具有紀念意義的物品的人

這種人多是比較內向的，他們不太善於交際，所以朋友不多，但卻都是知交，他們很看重和這些人的感情，所以會分外珍惜。他

們有一些懷舊情結，總是希望珍藏下一些美好的回憶。他們的內心比較脆弱，容易受到傷害，會一蹶不振，而且做事也缺少足夠的恆心和毅力，常常會在挫折和困難面前不戰而退。

喜歡抽屜和桌面全部是亂七八糟的人

他們待人多相當親切和熱情，性格也很隨和，他們做事沒有長遠性，憑主觀意念出發，易衝動，常常三分鐘熱度後自然消褪。他們缺少深謀遠慮的智慧，不會把事情考慮得太周密，也沒有什麼長遠的計畫。生活態度雖積極樂觀，但太過於隨便，不拘於小節，經常是馬馬虎虎，得過且過，但是他們的適應能力較一般人要強一些。

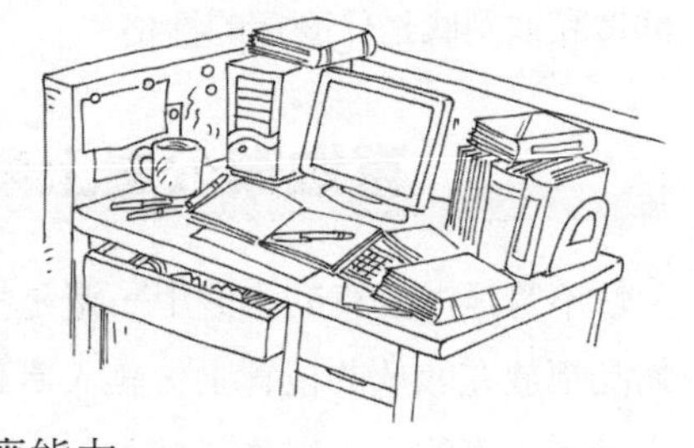

喜歡文件按一定次序排列的人

無論是桌面上還是抽屜裡，所有的文件都按照一定的次序和規則排好，整齊而又乾淨。這一類型的人工作很有條理性，組織能力也很強，辦事效率比較高，而且具有較強的責任心，凡事都會小心謹慎，避免失誤的發生，態度相當認真。這樣的人雖然可以把屬於自己的工作做得很好，但是有一點墨守成規，缺乏冒險精神，所以不會有什麼開拓和創新。

桌面上收拾得很乾淨、很整潔，但抽屜內卻是亂七八糟的人

這樣的人雖然有足夠的智慧，但往往不能腳踏實地地做事，喜歡耍一些小聰明，做表面文章。他們性格大多比較散漫、懶惰，為人處世油腔滑調，給人不可靠的感覺。在表面上看來，他們有比較不錯的人際關係，但實際上卻沒有幾個真心朋友，都是一些酒肉朋友，他們也是很孤獨的一群人。

喜歡把文件亂放的人

各種文件資料總是這裡放一些，那裡也放一些，沒有一點規則，而且輕重緩急不分，這樣的人大多做起事來虎頭蛇尾，總是理不出個頭緒來，給人一種雜亂無章的感覺。他們的注意力常被一些其他的事情分散，從而無法集中在工作上，自然也很難做出優異的成績。他們的自我約束能力很差，總是向自我妥協，過後又後悔不迭，但緊接著又會找各種理由來安慰自己。總之缺乏毅力，很難成就大事。

喜歡桌子和抽屜像垃圾堆一樣的人

桌子和抽屜裡都像是垃圾堆，找一樣東西，往往要把所有的東西全部翻一遍，到最後可能還是找不到。這樣的人性格外向，大咧咧，工作能力差，效率也極低，他們的邏輯思辨能力非常糟糕，做事沒有一定的計畫性，往往是想到哪做到哪，多缺乏足夠的責任心。

摸透上司個性，對症下藥

在辦公室裡，你是否有過被上司冷漠或指責的經歷，或者發生了一些不愉快的經歷。其實，這是你沒有摸透上司的性格所導致的，上司也是普通人，他也有七情六欲，也有情緒、脾氣、偏好等等與他人無異的性格特點，如何把握上司的性格特點和處事風格，採用適當的應對手法與之相處，是能否和上司相處和諧的關鍵。在這樣一種職場測試中，看人高手總是能交上滿意的答卷，不管面對什麼樣的上司，總是能拿捏得當，迎合上司的處事風格。

優柔寡斷型的上司

這種上司在職場上不是很多，卻能讓你真正體會到「左右為難」的滋味，因為這種上司經常朝令夕改，讓身為下屬的你不知所措。

遇到這樣的上司，在他向你徵求意見或一塊討論計畫時，不妨順著他的個性，多說幾種可能的方法，或多個方面的意見。

這樣的上司也常常會有一些讓他頭痛半天，並且猶豫不決的時候，這種情況下，你不妨適時地在基於自己準確判斷的條件下，替他做出決定，幫他解決眼前的焦慮和難題。不過，一定要記住，這必須是與工作無重大關係的事，否則你這種自作主張的做法對你的前途發展是不利的。

當然，對於他朝令夕改的作風，明智的做法是最好什麼行動都遵照他的意旨，只是既然有了「隨時改變」的心理準備，凡事未到最後期限，就不必切實執行，因為你很難保證上司不會在計畫就快完成時，突然再生變故，對你的計畫全盤否定或是大加刪改。

暴躁型的上司

辦公室裡，有種上司天生脾氣暴躁，情緒容易失去控制。這種上司常常為了一些小事而大發脾氣，甚至公開斥責下屬，你可能也遇到過這類老闆，他們莫名其妙的斥責常讓人難堪。

在這種上司面前，最好不要惹他動怒，說話盡量簡單、誠懇，不要推諉，特別是在他工作繁忙的時候，盡量不去打擾他，我們惹不起，總躲得起吧。

當上司大發雷霆的時候，不要推卸責任或試圖解釋，冷靜地說：「我會注意這情況的」或「我立刻去調查！」然後離開辦公室。

當他的火氣消去，冷靜下來以後，或許他會為沒能控制好自己的情緒而覺得對你有所歉意。

他們情緒的激烈表現往往只是一種本性作祟，並不是針對某個員工的故意打擊，這點你需要明白。不要因為他一次火爆的脾氣，就覺得深受打擊，一蹶不振，其實他對每個下屬都有可能如此。

極權型的上司

極權主義的上司除了對下屬的工作吹毛求疵外，最叫人討厭的是他們會如暴君一樣，連你的私事也過問，這種上司往往是權力欲很重的人，有很強的控制心理，他希望下屬時時刻刻、各方面都聽自己的，同時這種上司往往也是一個比較強硬的人。

在這種類型上司面前，你一個人難免勢單力薄，精明的做法是與其他同事聯合起來，團結大家的力量，共同應付上司。

在工作方面，你需要小心細緻，盡量做得無懈可擊，不給上司挑剔的把柄。時間長了，他在你身上找不到可以吹毛求疵的機會，自然感到無趣，便不會再找你的麻煩。

懶散的上司

一般而論，這類上司在接到重大任務時，必然是不假思索就交給你去實行。當任務大功告成，他又會一手接過，向老闆報告，並將下屬的辛勤汗水全部抹殺，一切當作是自己的努力成果，爭取老闆的信任和讚賞。

自然這會使你不服，但如果臨陣退縮，另謀他職，也是很消極的做法。你當然不可能當面拆穿他，跟他理論，這只會陷你於不利境地。比較理想的做法是。在每一個步驟進行時，請來一個見證者，當然不是公然地去找，而是有意無意，例如在祕書小姐面前進行，目的是要有人知曉事件的來龍去脈，即使最終的功勞給上司奪去，在公司裡也必然有人曉得真相，一傳十，十傳百，你的目的就可達到了。

工作狂型的上司

遇到上司是個工作狂，你一定會整日裡大皺眉頭，因為工作狂的心目中，認為不斷工作才是一種生活方式，每個人都應該如此。

工作狂上司是個理想主義者，工作就是他的生命，所以，為他效力，沒有閒下來的時刻，亦不會受到欣賞。如果你希望情況有所改變，就先試著讓上司明白，不斷埋頭工作，花掉私人時間，並不是聰明和應該的做法。

如果你遇到了工作狂上司，而又不能勸服他，不得不在他的「以身作則」下勤奮工作，也可以試著從心理上理解和接納他們的做法，不要一味排斥、抱怨，以避免雙方關係的惡性循環；其次，多配合他的工作，盡下屬之責，爭取成為他信任的好助手。如果他的工作方式你確實不能接受，也應該大膽表達出來，當然必須注意尋找合適的時機和方式。畢竟，從樂觀的角度看，你可能會因此有更好的業績，雖然是情非得已，也算不無收穫。

頑固型的上司

不管你如何努力向他解釋自己的處事方法，他一概不理，指定要你依照他的方法處事，只要是不順從他的意思，他便暴跳如雷，令你精神緊張，心煩意亂，對工作感到厭倦，甚至想過以辭職作為無聲的抗議，逃避上司的「迫害」。這種上司就是典型的頑固型上司，作為下屬，一味的逃避也不是辦法，不如嘗試一下下面的辦法：

●不要以為自己的處事方式及建議一定正確，你與上司談話時語氣須溫和，態度客觀，不妨多做讓步。

●在環境許可的情況下，盡量避免在辦公室跟上司展開激烈的爭辯，應該在下班後請他到附近的餐廳喝杯咖啡，在輕鬆的環境下，把你的看法委婉地提出來。反過來，你也要專心聆聽上司的想法，因為他也可能有難言之隱，不妨設身處地為別人著想一下，盡可能地努力把這種關係向好朋友方向發展。

管家型的上司

有些上司喜歡以「管家婆」的姿態出現，事無大小，他都要過問，還插手去干預，令負責推行工作計畫的職員感到很苦惱。

這種上司到了過分專制的地步，他表面上似乎相當開明，鼓勵「人盡其才，各就其位」的精神，實際上他是一切工作幕後的策劃者。對他來說，下屬只是他獲得某個結果的工具，他的意見就是命令。

如果你的上司是這類型人物，你必然時常感到精神緊張，很難從工作中獲得成就感。你想與這樣一位上司好好相處，首先你要仔細想想，他的指示是否對你的發展能夠提供寶貴的學習經驗，也可以善意地提出一些意見，如果他不接受，那你就只能唯命是從，或是遞上辭呈，另謀高就。

不過，在你採取最後的行動之前，應努力爭取自己的權益，鼓起勇氣對上司說出自己心中的話，嘗試以朋友相待，看看他究竟有什麼憂慮，以致總是對下屬缺乏信心。

怎樣摸透下屬的真面目

人世間有許多假象，人身上也有許多似是而非的東西，看似優點，實則致命之缺點。知人識人者不要被假象所迷惑，要透過現象看本質，才能認識和發現具有真才實學之人，而不會魚目混珠。

華而不實的人

這種人口齒伶俐，能說會道，口若懸河，滔滔不絕，初次接觸，很容易給人留下良好印象，並被當作一個知識豐富，又善於表達的人看待。但是，需要分辨他是不是華而不實的人，這樣的人往往是善於說談，而且能將許多時髦理論掛在嘴上，迷惑許多識辨力差、知識貧乏的人。

貌似博學的人

這一類人多少有一些才華，也能廣泛地談及其他各門各類的知識，但是博而不精、駁雜不純，未免有欺入耳目之嫌。這種人大多是青少年時讀了些書，興趣愛好都還廣泛，但是因為小聰明或者是學習條件與環境的限制，終未能更上一層樓，去學習更精專、更廣博的東西。一旦學習的黃金年齡一過，雖有精專的意願，但是已力不從心，最終學識停留在少年時代的水準上，不能再進一步深造發展。即便有合適的深造環境，由於意志力軟弱，也只得到一些新知識的皮毛。

不懂裝懂的人

不懂裝懂的人，生活中著實不少，尤其以成年之後為甚，完全是因為愛面子、怕人嘲笑的緣故。有一種不懂裝懂者是可怕的，他們會因不懂裝懂，給企業帶來許多損失，尤其是技術上的；還有一類不懂裝懂者，是為了迎合討好某人。這種情況有的是違心而為，在那種特殊場合下不得不如此；有的則是拍馬屁，一味奉承。

濫竽充數的人

這一類人有一定的生活經驗，知道如何明哲保身，維護個人形象。總是在別人後面發言，講前面的人發表過的觀點和意見，如果整合得巧妙，也是一種藝術，使人不能覺察他濫竽充數的本質。不過，這種人也有他的難處，如南郭先生一樣，想混一口好飯吃，如果無其他奸心，這也不礙大事。否則，趁早炒魷魚，或疏遠之為妙。

避實就虛的人

這一類人多少有一點才幹，但總嫌不足，用一些旁門左道的辦法坐到了某個職位上去。當面對實質性的挑戰時，比如現場提問，現場辦公，則無力應付，就很圓滑地採用避實就虛的技巧處理。這種人當副手也還無大礙，但以小心為前提，否則他會犯下無法彌補的大錯來。

鸚鵡學舌的人

這類人自己沒有什麼獨到見解和思想，但善於吸收別人的精華，轉過來就對其他人宣揚，也不講明是聽來的，不知情者自然會把他高看。這種人善於走小路，有時避開大路通行。他們沒什麼實際才幹，但模仿能力強，未嘗不是其長項，也可適當利用。

固執己見的人

這種人不肯服輸，不論有理無理都是一個樣。這類理不直但氣很壯的人，生活中處處可見，對待他們一個較好的辦法是敬而遠之，不予爭論的。如果事關重大，必須說服他，才能使正確的政策方針得以實施；如果本來賢明而一時糊塗的，以理說之，並據理力爭，堅持到底；如果私心太重而沉迷不醒的，則用迂迴曲折之道，半推半就地講到他心坎上去；如果實在是個糊塗蟲，不可理喻、頑固不化的，就需動用權力強迫之。

是否對人真誠的人

若看待人接物，對於全面認知他人具有重要作用。有些待人態度與接物行為對一個人來說是比較穩定的。他如果對別人不很積極，那對你自己也就不會怎麼積極，如果他對別人忠厚，那麼也會一樣地對你。如果是虛偽、表裡不一的行為則是不能為社會所接受的，只會被人疏遠，誠實是贏得好人緣的第一原則。

巧妙識別生意場上八種人

在生意場上與人打交道是家常便飯的事，有些是一和他接觸，其個性就表露無遺，誰都能看出其特徵的人，還有一些是不能清楚得知，必須交往一段時間才會表現出特徵的人。下面詳細闡述 8 種類型的人的性格特徵，以及與不同性格的人交往的方式。

猛烈型

這種類型的人是與任何人都合得來的人情主義者，能夠堅持自己的信念，不隨波逐流；做什麼事都不半途而廢，一旦插手就堅持到最後。一般來說是個保守主義者，富有同情心，是個熱心腸，看見別人有困難，總要施以援助之手。自尊心很強，看不慣自己的家人或自己信賴的人遭人責難，而且一旦心情不佳就馬上暴跳如雷。

與這種類型的人接觸時，必須守時守信，跟他有約時最好盡早出門，跟他交涉業務時，就算一次不能成功，也要持續不斷地努力，終有一天可以得到對方的信賴。他們對於名利情有獨鍾，希望得到意外的收穫，比較重情義，尊敬長輩，所以從他們所尊敬的人作為突破口，收益會很大。

情緒型

這種人情緒易變、性情捉摸不定，有時在初次見面時能與人相處愉快，但感覺不對味而令人嫌惡的也有。他們善於言談、表情豐富，很容易就讓聽話者覺得快樂，而且很重情義，對於投心對意的人總會在工作上加以協助，以助度過難關。與這類人交談，有些反反覆覆，使對方覺得很煩，甚至是索然無味。

一般人的心理，下了班之後，就有一種想要遠離工作的潛在意識。

如果和對方談與工作全然無關的事，例如談高爾夫球或者棒球等話題，就可以使氣氛逐漸熱烈起來。

有些人在自己的工作上，經常帶有一種職業上的驕傲，即使與同業談話，也不希望遇到內行人，但是如果有工作以外的優越才能，他就會希望別人能傾聽並分享他的體驗。

慎重型

他們的性格基本上具有見異思遷的特質，情緒容易起變化，嚮往稀奇古怪的東西，注意力很強卻不能持續，時常猶豫不決難以下定決心，欠缺行動力。

在感情上，對於刺激的、新奇特殊的事物，他們特別感興趣，但是若要他們同時兼做許多事，就容易手忙腳亂。不過嘴巴尖酸刻薄，得理不饒人。經常陷入抱怨、不滿，有時非常暴躁。碰到這種對手時，其實是不容易馬上就與對方建立雙向關係的。

而且這種人不喜歡談論自己專業的事情，如果是興趣或專業以外的話題，他反而比較會接受，也有向他人誇耀自己知識的傾向。

因此，要是你初次見面的對方是佩戴特殊的高級手錶，試著對他說：「哇！好特殊的手錶。」看到他開豪華進口車的話，不要忘記讚美一下他的車子。這是與這種類型的人第一次見面時，抓住對方心理的捷徑。

浪漫型

這種類型的人容易為一點小事感到興奮，但因為他們個性內向，不輕易把感情表現出來，所以特別容易感到孤獨，但會與特定的親友保持熱烈的情誼。此外，他們不喜歡變化，對於回憶或舊習慣會覺得很親切，而且一旦心懷怨恨，一輩子都忘不掉；但他們也會是誓言效忠、至死不渝的人。正因如此，如果他們和某個人結成知交，便很少會再分開，不能接受失望或分裂。

要是面對的客戶是這種類型的話，拜訪的時機是很重要的。在他忙碌的時候去拜訪，對方非但不能好好地聽你說，而且容易產生不快。還應注意對方的表情，如果他正在氣頭上，而你向他打招呼他也不理你，就不要繼續訪問下去，所以在交談時，學會察言觀色至關重要。對於這一類型的人保持情緒穩定至關重要，同時，他們也有偏離主題的缺點，但是在交談過程中必須隨時把談話拉回主題的能力。

現實型

這種人不太容易感動，需經過一番考慮之後才有所反映的類型。他們警戒心強，接到名片時，一定會仔細地把名片跟人對照一下，觀察力敏銳；不說與工作無關且無用的話，一開口就會直接詢問來訪的目的。

他們辦事果斷，俐落，從不拖拖拉拉，要是認為有利可圖的話，就會接受來訪者的條件；要是認為無利可圖的話，會立刻無情地拒絕，這時再怎麼努力去扭轉他的心意，都將是徒勞無功的。他們一想到什麼就會馬上去實行，或者想到好主意，馬上就想嘗試看看。他們是個以自我為中心的人，任何事要是不能達到預期的效果，就覺得不中意。

這種人喜靜不喜動，有些吝嗇，不太擅長人際交往，朋友不是很多，他們滿腦子盡是實際的東西，他會把腦海裡所描繪的東西，拿來與眼前的東西做比較，對這一類型的人與其用言語說明，倒不如用畫或圖形來說明，更能說服他們。

而且這種類型的人對工作與休閒區分得很清楚，不喜歡把工作帶回家裡。在商談過程中，如果進入角色會很積極；如果進不了角色，花再多精力說服也是沒有用的。

樂天派

這類型的人不太考慮未來的事情，一切順其自然。一開始碰面時，你會感覺他們似乎很冷漠，不太聽得進別人的話，但事實上他們多半會考慮對方的心情再下決定。

他們做事總是想到哪說到哪，從來不經過深思熟慮，甚至有時為說出的話感到後悔，這是這類型的人最大的缺點。有時亦會嘗試想要做某些新鮮的事，但都半途而廢。

本質上是個樂天派的人物，對未來保持樂觀的態度，言談舉止非常大方，但是要他履行諾言卻需大費周章。因此，就算有再多的約定，過一兩天就會被取消了，所以彼此在商談時，有必要確實地留下紀錄。有時還必須藉由第三者來調解契約或商談內容。

無魄力型

這種類型的人，有時很難掌握他們是不是真的有心要從事交易，他們對於自己的生活沒有什麼未來的目標，對工作本身也沒有特別興趣，是一種逃避型的性格。他們平時穿著邋遢，房間雜亂，可以看出很懶散，然而他們喜歡把全部的事情都丟給他人，是個虛無主義者。「是」或「不是」也講不清楚，是個很難應付的客戶。

他們經常胡思亂想，也不會下定決心去研究生意的內容，最後因缺乏魄力而放棄買賣。當他們被賦予責任時，亦不能如預期地把工作做好，對金錢的支付也是拖拖拉拉的。對工作以外的事物較感興趣，常將責任推給部屬，連簽訂重要生意契約時也由部屬出面，因此常不被周圍的人信任。

形式主義型

這種人經常把自己關在象牙塔中，不輕易把真實的自己表現出來。處理任何事都很形式化，只從事一般工作的交際往來，其餘的事一概拒絕，把工作與休閒區分得很清楚。

他們為人冷漠，從來不會因為對方為自己做了一些努力，而對對方說一些感激的話。如果對他們要有一個很深的了解則需要用慢火細工，然而，他們卻無法體會別人的心情或感情，感覺可以說是十分遲鈍的。

他們對任何事都不太介意，即使菸蒂從菸灰缸掉出來也不在乎，手錶慢了也無所謂。

這種類型的客戶很容易毀約，隨便就會把契約取消掉。

而他們的工作態度是保守的安全主義者，沒有勇氣去變更既定方針，是個守舊主義者。

與這類型的人接觸的方法，簡單來說，就是聽聽前任、同業的意見，這對了解他的人品是很重要的。

從心理上分析對方的真實意圖

俗話說，商場如戰場，所以要想成為一個成功的商人並非輕而易舉之事。除了言談舉止、性趣愛好等方面來識別對方之外，還要善於從心理上抓住對方，因為一個人的心理活動更能反映他的真正意圖。

以粗野、無禮的態度待你

大廈、工廠、公司的入口處，都有管理員、警衛之類的人把守，訪客都要在他那裡登記，或是被詢問一番。一般人對這些管理員、警衛的印象不怎麼好，據說，這些人當中的多數對來訪的人態度不佳。所謂「態度不佳」是說以不客氣的口氣詢問，或是對來訪者的詢問愛理不理。

其實，管理員、警衛之所以如此，也有他們的苦衷。因為，每一個人如果心中有某些不安，或是弱點，都會在無意之中顯現於外。

試想，管理員、警衛的職責就是防止歹徒入內。初次來訪的人，當然都要問清身分，也就是說來歷不明的人，都成為他們警戒的對象。人一旦有了戒意，態度難免粗野、不客氣。事實上，來過數次，彼此都熟了，他們就反而先微笑、打一個招呼，讓訪問者覺得很親切。

通常，初次見面也有該守的禮節，如果對方一反這種禮節，態度不遜、出語無禮，那就表示他有可能對這次的初次見面心有不安，所以，故意用這種態度來擾亂你。你若看出他有這種行為，就該冷靜對付，切莫上了對方的擾亂策略。

想探出你的私人祕密

一般而言，任何人都不喜歡被素未謀面的人侵入自己的私人領域，因此，平時都刻意保護這種私密領域，以免被無端侵入。

可是在交談中，這種私密往往在不知不覺中給揭破，那時候，我們就錯覺為對方是相知已久的人，甚至對他產生某種親密感。

其實，進一步分析對方之所以侵入你私密領域的目的，你就能明白他深層心理中的意圖。

當初次見面的人，毫不客氣地問到你私密性的問題，可別以為他是對你抱有好感，你應該注意他想探出什麼，而加以防範才是。當你弄清了他的真意，如果沒有惡意，你才可以進一步跟他交談。如果不注意這些，糊裡糊塗地每問必答，有一天，說不定你就遭到某種還擊，造成悔之已晚的結果。

「面無表情」實則「多情」

初見面的時候，如果「面無表情」，誰都覺得這個人既難看穿其真心，也難以相處。照說，雙方初次見面，該來個社交辭令，不管心裡有何感想，微笑一下總可以的吧！可是，就有一見面便「面無表情」，使你無從接近的人。

有此表情的人，你問他什麼，他總是顯得反應遲鈍，臉上也無喜怒哀樂的表情。

到底對你的話有沒有感到興趣？有沒有感到困擾？他有什麼感想？想著什麼？一切的一切，他都不會積極地顯現於表情。因為，他的「沒有表情」，足以象徵他內心的「表情」。

一個人，如果內心深處有了強烈的不滿（冀求未遂的不滿），或是敵意，而且這些感情又是他不願意別人知道的，為了防止它顯現於外，內心就產生了一種抑制作用，使他變得「面無表情」。「面無表情」絕不是由於無可表現而起，而是由於內心有了某種感情，一種不能直率顯現的感情所致。他對直率表現的感情，大為顧忌，因而只好強力壓制，以「面無表情」對人。

這麼一分析，你就該了解，「面無表情」的人，事實上，在假面具背後藏了某種不欲人知的心理糾葛，你應該從這個角度去探測他內心的糾葛到底是什麼？

當對方突然變得饒舌

有些人初次見面就對著你滔滔不絕，這種人至少會讓你覺得心情輕鬆。因為你不必為該接什麼話而動腦筋，也無須想盡辦法揣測對方的為人。可是，多嘴多舌的人，是不是在任何場合都會積極地表現自己，那就很難說了。

有一位心理學家，曾經介紹一對年輕人相親。雙方客客氣氣地交談著，不久，他發現男方突然變得話多起來。這位心理學家據此推斷他不願意觸及自己薄薪的事，這個判斷並沒有錯，至少在當天的會話中，雙方都沒有說到薪資多寡的事。

這個例子告訴我們，有些人除了表現自己，或是為了愛說話而饒舌之外，也可能為了阻止別人說話而饒舌。饒舌並非雄辯，它往往是隱藏自己的一種煙幕。

故作笑容的真意

一位推銷壽險的高手曾經說過：「如果對方故作笑容滿面，這次推銷八成就不會成功，」這種顧客，當場會告訴你，考慮幾天再給你電話。事實上，隔幾天他就打電話表示無意參加保險。

以常情而論，對方一直笑容滿面的聽他勸誘，照理這次推銷應該成功在望，他卻認為成交無望，這是什麼道理？一般人對保險的觀念還無法全盤接受，這種情況下，對方居然一直笑容滿面地傾聽，表示他有某種隱藏不露的心理，這種推測應該不會錯的。

被推銷的人，也許對自己的健康有某種不安；或者家族之間的關係一直不和，因此決心不留半點錢給他們……總而言之，他之所以滿面笑容，不能輕易認為他對保險推銷員的話感到共鳴，應該認為他是在隱藏某種事情。

事實上，話題扯到足以引起某人不安的原因時，那個人往往為了掩飾不安，顯現相反的態度，心理學上稱為「反作用行為」，是屬於防衛機能之一。例如，對風流成性的丈夫，故作體貼狀之類。

他們之所以如此，是因為不承認憎恨繼子、不相信丈夫風流的心，引起「反作用行為」才會如此。

這麼說，前面所說的推銷保險，該顧客之所以故作笑容，內心隱藏的可能是不安，或是恨意。由此可知，跟你初次見面的人，如果笑容滿面，你就老實地自以為受到歡迎，那就很可能招致嚴重的誤算。

故意反駁對方的意見

面試的時候，由於必須在限定的時間內，把對方的為人、觀念做某種程度的了解，所以為了正確起見，經常使用一些深層次的技巧。

「壓迫式面試」就是其中之一。這個方法的特點，是故意發出一連串使對方不大好回答的問題或是使對方處於孤立狀態，逼他做出二者擇一的決斷。總而言之，這是故意「虐待」對方，把對方逼入危機之下，以觀反應的一招。

在危機狀況之下，一個人的特性就在不知不覺中顯現無遺。也就是說，一個人在理性發生不了作用時，人就自然而然地吐出真心。為了探得對方的真意，他會故意擺出不禮貌的態度，或是講出足以觸發對方怒意的問題。這也算是「壓迫式面試」的一種。他之所以有辦法取得其他媒體無法取得的獨家消息，完全是靠這個抓住人類微妙心理的方法。

跟初次見面的人交談時，如果對他的真意有所存疑，一直問下去，對方就給逼得非使用自己的言詞說出答案不可。要探出對方的真意時，首要之務應該是設法使對方說得更多，你才能如願以償。

上面所說的方法，必然有助於你發掘對方本來是隱藏不露的真心。

中斷話題讓對方接下去

有一種人使用言語來達到破譯人的性格和精神狀態的這個目的的方法，叫作「成句法」。他如何把不成型的語句接成完整的語句，從那個內容就可以輕易地探出其無法隱瞞的真心。

面對不太肯說話的人，要他說出真心話，就得運用這個方法。例如：「這麼說，你的意思是……」照你的說法，「這件事就該……」用這一類方式，把你們的話說個開頭就中斷，然後靜聽對方如何回答。

處於這種情況下，對方通常會接下去說話，無意識中把自己的真心，「投影」在接下去的話裡。如果，對方不接下去，那就表示他對問題有「抗拒感」(無意作答)。從這個反應中，你至少可以探出他當時的心態，以及對你的感受如何了。

從第三者的看法識別對方

座談會的主持人，必須有個本領，那就是有時候得設法使出席者說出他不愛說的話。精於此道的主持人，絕不正面問對方個人意見，而是故意採用「第三者的看法如何」這個方式。

例如，向年齡大的人問話：「您對時下的年輕人有何感想？」對方一定會說：「不錯，他們做得不錯。」如此把你的話輕易推開，不輕易地顯露他的真意。要是改個方式，問話：「您的那些朋友，對時下的年輕人有何感想？」情況就不大相同，他會滔滔不絕地說出一大串意見。這個例子告訴我們，藉「第三者」使人說出意見，是探測那個人真心的祕訣之一。

發表意見的人由於心裡有「我只是代替第三者說話而已，這件事與我無關……」這種念頭，說起「意見」來就顯得特別起勁，不知不覺中就吐露了他自己的心聲。

從對信件的處理方式探知對方性格

在現代的社會中，通訊設施越來越先進，方便和快捷的通訊方式在很多時候，使很多人忘記了還有寫信這麼一回事，寫信進行溝通和交流彷彿已是上個世紀很久遠的事情了。但這是針對一部分人而言的，寫信的聯繫方式雖然在今天已經不如以前了，但在一定範圍內還普遍存在著，所以對於從處理信件來觀察一個人還是有必要的。

接信後急於回信的人

一收到信就打開並在最短的時間內寫好回信的人，他們的時間觀念一般來說還是比較強的，希望儘快地把事情做好，然後去做其他的事情，同時也不希望對方等得太久。但也有一種情況是，他們只是在對信件的處理上表現得比較積極，因為寫信的人是他們比較重視的，但在其他方面則比較散漫和隨便，無所事事，只把精力和熱情放在一些瑣碎的方面，有些玩世不恭，得過且過，習慣混日子。

接信後丟到一邊，繼續做別的事的人

接到信以後不拆開信就把它丟在一邊不管，繼續做其他的事情。這樣的人，如果他不是存心不看信，就表示他的工作、學習、生活是很忙的，時間被安排得很緊，至於那些不是特別重要的信件自然就會放在一邊等到時間充裕的時候再處理。當然，也可能永遠不會有處理的時間了。

請別人代為拆閱信件的人

接到信以後，請別人代自己打開信件，這樣的人對別人多是充滿信任感的，否則不會讓別人替自己打開信，畢竟信是屬於比較私人化的東西。他們並且極其開朗坦率，不善於掩飾自我，可以將許多祕密說出來與他人共同分享。

這種人自我意識比較強，比較自信，為人處世以自我為中心，喜歡支配他人，人際關係不會太好，但整體來說還是比較不錯，他們雖然比較以自我為中心，但還較慷慨，憑這一點可以使自己贏得他人的信任，所以還是有幾個真心朋友。

接信後，先看清地址再拆閱的人

在接到信以後，先仔細地看完寄信人的地址以後，再打開信看信的內容。這樣的人，生活態度多是比較嚴肅的，他們做事很有規則性，謹小慎微，規規矩矩，而且是貫徹到底，除非不做，否則一定要把它做得很好。他們比較理性，不會感情用事，原則性強，有責任心，憑藉這種執著，會得到很多人的信任。

有選擇地拆閱信件的人

在接到信以後，進行一番選擇，先把私人信件揀出來，看完以後再去處理其他的信件。這樣的人多是感情比較細膩，而且特別重視情誼的人，他們一般來說多愁善感，在性格上顯得有些脆弱，在挫折面前容易束手無策，需要得到別人的安慰和扶持，這也是他對私人信件比較看重的一個原因。

喜歡閱讀垃圾信件的人

這種人的好奇心是比較強烈的，希望能夠接受一切自己感興趣的東西。基於這一點，他們對新鮮事物的接收能力特別強，因為有些東西是比較無聊的，他們在看的時候，又練就了自己的忍耐力和寬容力。

見到垃圾信件就丟掉的人

他們在為人處世方面，都是比較小心和謹慎的，有自我防衛意識，不會輕易地相信某一個人。這一類型的人多少有些憤世嫉俗，所以顯得不夠圓滑和世故，所以人際關係會存在著一些不如意之處，朋友也不多。

信件多的人

信箱總是滿滿的，從這一點就可以看出，其人際關係是相當不錯的，有很多可以用寫信的方式進行聯繫的朋友。這種人多屬外向型人，為人多比較隨和親切，能夠關心人，為他人著想，所以很容易獲得他人的信任和依賴，他們很滿足於這種什麼東西都有很多的良好感覺。缺乏宏圖大志，不善於規劃時間，可能會在熱鬧非凡的交往中迷失自我，影響事業的進展。

信件少的人

信箱總是空空的人，性格是比較孤僻和內向的，不太容易與他人進行溝通和交往，心裡有很多屬於自己的隱私，但他們不會將這些說出來與他人分擔和分享。這樣的人由於自主意識比較強，凡事不用徵求他人的意見，有自己的主張，常我行我素。不過認定了的事，他們就會堅持下去，成功的希望比較大。他們常走極端，不是過分堅強，就是過分地脆弱。

怎樣處理上下級及同事之間的關係

如何辨別主管對你的評價

這裡的評價是指你的上司在別人面前對你的評價，不是當著你的面進行的，因為面對面的評價往往掩飾過多，過於微妙，不容易發現其真實的內在含意。

第一種情況，主管對你的評價是：「不錯，不錯！」

如果他一邊這樣說，一邊笑容滿面地連連點頭，那麼他一定發自內心地賞識你，對你很有好感，你很可能會受到他的提攜。

如果他嘴巴說「不錯」，但幾乎頭也不抬，顯得若有所思而又不露聲色，那麼他一定是在敷衍。他很可能對你印象不好，但是不願意直說；也有可能對你印象不錯，只是還不願讓別人知道。

第二種情況，主管對你的評價是：「太好了！」

這樣肯定地讚揚一個下屬是非常少見的。對於有著相當閱歷、沉穩老練的管理者來說，這種讚揚往往別有含意，可能表示對此人不滿意。

如果你的工作真正做得好，老闆絕對不會做如此評價，而是會採用比較低調的方式。

第三種情況，主管說：「我挺喜歡這個年輕人的。」這句話比較明確地透露了他對你的賞識，認為你大有潛力，可以發展成為公司裡最出色的一員。如果不出意外，你會成為他的助手。

第四種情況，主管說：「還好。」

這個評價表面上比較低，實際不然。這句話恰恰流露出了對你的肯定，而且對你的未來發展抱有希望。

第五種情況，主管說：「還不一定，再看看吧。」

這算是比較差的評價，如果你在工作上無法獲得老闆與同事對你的認可，那麼很可能被開除。

主管找到你讚揚一番

如果主管笑容可掬地找到你，大肆讚揚了一番你的工作業績，從按時上班、從不缺席，也不遲到早退，到業務熟練、待人和善、辦公桌收拾得乾淨等等，事無鉅細全都點到，可是直到最後你都弄不明白他到底想要說什麼．那麼你一定快要倒楣了。一定有某個機會——比如漲薪資，升職、培訓等等將要與你失之交臂，而且這個美差可能正好落在了你辦公桌對面的某某身上。

主管找你談論某個同事

如果主管單獨跟你見面，若有所思地聊了聊工作，忽然問你覺得某某工作能力如何。這種情況下，他可能正在考慮人事變動問題，正舉棋不定。也許他只是徵求你的意見，也許他把你也列入了考慮的範圍。說不定他已經與你的同事談論過你，徵求過他們對你的評價。這種時候往往有升遷的機會，需要好好把握。

主管找你聊工作，徵求你的意見

他可能會先招呼你坐下，簡單地對你的工作發表一點意見，然後很嚴肅地請你發表對整個公司的看法，還可能問到你個人對事業的規劃。這種情況下，他往往準備把你提拔到一個比較重要的位置上去，而且對你寄予厚望。

有的主管說這種話，目的只是為了激起你的興趣，沒有深層意思。他可能是對某個部下不太滿意，卻無法直截了當地批評，所以隨便找一個下屬發發牢騷，對於這種談話不必太當真。這種主管大都缺乏自信，優柔寡斷，需要安慰，你應該認真傾聽他的牢騷，但是不要迎合，以免強化他內心的不平，讓自己陷入兩面不討好的境地。

有的主管不簡單，他們說這話，表面上是怕你把事情傳開，實際上是想讓你把消息傳出去。他是在假裝只信任你一個人，實際上，他的這句話說不定對好幾個人都說過。一旦他的目的達到，你就會被他甩開，甚至成為責怪的對象，責怪你傳播流言蜚語。這種主管最險惡，對他們既不要迎合，也不能對抗。

有些主管找人「私談」是為了刺探別人，或者是為了刺探你內心的想法，目的是要套出你的真心話，然後對你進行安排或處理。對付這種探詢的最好方法是故意裝糊塗，哼哼哈哈地不予具體回答，讓他抓不到把柄，難以做出評判。

從同事遞筆的方式看性格

如果他用慣用的手，筆尖的一端朝向你，這說明他雖然認為你是重要的，但卻一直想站在你的上位，領導你、掌控你。這類人往往有些傲慢、自以為是，對他人的順從度幾乎為零。

如果他用慣用的手，筆尖的另一端朝向你，這說明他很重視你，對你沒有攻擊性、惡意、蔑視感，屬於極端順從、溫和的人，能夠盡量配合他人，容易相處。

如果他沒有使用慣用的手，筆尖的一端朝向你，說明此人自尊心和虛榮心極強，而且以自我為中心，任性。這類人只要有人讚美他或奉承他，不管什麼要求他都會盡量滿足你。

如果他沒有使用慣用的手，筆尖的另一端朝向你，說明此人非常謙虛，為人正直，不是個可以任意指使的人，但只要是合理的請求，他就會耐心地聽取。另外，這類男性對那些不講理、任性的女性極為厭惡。

怎樣處理上下級及同事之間的關係

●在工作過程中突然變得不愉快的人——毫無來由地，臉上就出現了不愉快的表情。這說明此人承受壓力的能力很差，一旦陷入危機，精神就會崩潰。他們屬於欲求不滿而又缺乏意志力的人，比較軟弱，處理事務的能力也很差。

●成天板著臉的人——有的人整天板著臉，看起來悶悶不樂，誰也不知道他們到底在想什麼。這種人心裡往往有很多古怪的想法，而且這些想法往往有些不切實際。他們有自己的處事原則，不過這種原因有些天馬行空，讓人不易接受。這種人既敏感又挑剔，即使是芝麻大點的小事，也絕不含糊，非要弄個究竟，有些吹毛求疵；心胸狹窄，不過，這類人心眼並不壞．只是性情比較古怪而已。他們自尊心比較強，一旦發現自己受到別人的重視，就會變得熱情起來，不再繃著一張撲克臉，也很容易接受別人的意見。

●整天樂呵呵的人——有些人整天都樂呵呵的，好像從來都沒有過煩惱，甚至給人一種對什麼事都滿不在乎的感覺。其實，他們

非常重視別人對自己的看法，很容易受他人的影響。這類人言行舉止不謹慎，有些輕率，不講信譽，像毀約這類事總是發生在他們身上。有很強的表現欲，對什麼事情都有好奇心，總想試一試，但往往因為意志力薄弱、缺乏耐性而半途而廢。這類人不善理財，花錢大手大腳，容易盲目投資。

●不願與人交往的人——有些人不喜歡與人交往，除了部門的同事以外，私交很少。這樣的人往往缺乏原則，不講信譽，容易忘記與別人的約定或承諾，甚至乾脆反悔。他們缺乏開拓創新的勇氣和能力，思想比較陳舊，工作雖然踏實努力，但效率低。在生活上，這樣的人比較隨便懶散，性情冷漠，很自私，做什麼事情都只想著自己方便就行，不顧及別人。

●固執的人——這種人為人正直，有智有謀，做事講求原則，立場堅定，不輕易向人低頭。不過他們往往思想陳舊、保守，不管是衣著、飲食還是日常用品，常常與社會脫節，做事也由於保守而缺乏應有的冒險精神，很多完美的計畫只能停留在設想階段，而不會付諸於實踐。這類人最適合做管家式的工作。

●喜怒無常的人——這種人性情剛烈、直率，易衝動，心無城府，沒有野心。不過他們粗枝大葉，做事雖然有一股衝勁，但缺乏周密的計畫和對形勢的把握，經常遭遇失敗的挫折。

●言行不一的人——這種人心裡想的、嘴上說的、手上做的都不一致。比如，他心裡想得到某件東西，而別人遞給他時，他會在嘴上拒絕，同時伸手接納。這種人往往深通世故，處事圓滑，不輕易得罪人，即使面對敵人也能笑容滿面。他們善於處理人際關係，努力與人保持和睦，不到萬不得已不會得罪人，即使得罪了也會想方設法彌補。在感情方面，他們視愛情為兒戲，不容易動真情，而一旦動了真情就很難以自拔。

第九章

如何看透男人心

Part 09

◆習慣將手機放在胸前，如襯衫上衣口袋，西裝的內側口袋。這種類型的男人成熟穩重，做事思維清晰，不疾不徐，不慍不火，腳踏實地。在生活中，他會盡一切努力讓一切事物朝著自己所預定的目標前進，他成熟穩重，是那種值得讓女性終生依賴的男人。

◆不窮喊窮的男人，經常處於不滿足的狀態當中，總覺得別人的東西都比自己的好，認為全世界都虧欠他們。應付這種人是十分費力的，他們不會和任何人以誠相待，說的都是半真半假的話，大多數情況下會矇騙他人。

◆電話是有外遇者常用的聯絡和約會方式，但有外遇者對電話往往是反應異常的。通話時常使用一些暗語或雙關語，一旦發現配偶或熟人注意時，便神色慌張地掛掉電話。如果在家裡，則會偷偷地溜到陽台或浴室等地方。有時則藉故溜出去打公用電話，都是為了隱匿其行為蹤跡。

◆有事業有地位的男人是最受女人青睞的，可是如果過分看重事業的男人，往往會犧牲個人情感，而選擇那些能夠在金錢、權勢和能力等方面助他們一臂之力的女人。

手機的不同佩戴方式展現男人不同個性

目前手機已經是資訊溝通與聯繫的重要工具，幾乎每個人都會有一支手機。手機的佩戴方式反映出一個人的性格，同時，手機佩戴的位置也是看透男友的一個重要手段。只要你留心觀察，就能輕鬆地讀透一個男人真實的心！然後你再對症下藥，會讓你心愛的男人更加出色。

喜歡把手機放在上衣口袋的男人

這類人習慣將手機放在胸前，如襯衫上衣口袋，西裝的內側口袋。這種類型的男人成熟穩重，做事思維清晰，不疾不徐，不慍不火，腳踏實地。在生活中他會盡一切努力讓一切事物朝著自己所預定的目標前進，他成熟穩重，是那種值得讓女性終生依賴的男人。

表面上，他不一定擁有兩性關係的主導權，但實際上，他才是操盤手，他正有條不紊地讓愛情沿著他所制訂的模式發展。對他來說，愛情與麵包是同樣重要的。

他憑藉自己的遠見卓識，將會有很不錯的發展前景。事業紮實，穩中求進，能取得不錯的成績。

在性情方面，他特別注重自己形象的塑造，有時甚至會達到讓人感到挑剔的地步。

喜歡把手機懸掛於腰間的男人

很多男人會習慣將手機掛在腰帶上。這種情況有兩種可能，第一種可能是手機太大，沒有其他合適的地方放置；第二種就是他喜歡用這種方式佩戴手機。這其中包括兩種情形，一種是他通常把手機掛在腰帶的前方，這種男人對生活中的所有事物，都有一套自己獨特的想法和做法，對生活的態度坦率而真誠；另一種是把手機掛在腰帶後方，這種男人在任何方面都表現得很有創意，只是可能做任何事時都會有所保留，不將事情完全說清楚，因為這是他的習慣，也是他的樂趣。

無論哪一種類型的男人，都比較傳統，循規蹈矩，但做事積極主動，事業心比較強。他們對愛情的態度都是積極主動的，表達的方式或許因人而異，但是他們絕對不會放過對你表達愛意的任何一個機會。

「賺錢養家是男人的責任」，對他們來說更是天經地義的事情。所以他會很努力地工作，甚至達到忘我的地步。他們的身上能夠充分地展現出男人的粗獷、豪放，在女人看來可能會感到有些粗糙，但這或許正是他們的魅力所在。

喜歡把手機握在手中的男人

習慣將手機一直拿在手上的男人，他們對生活有極高的熱情，不到最後一分鐘絕不會停下腳步，這種類型的男人是不會上床休息的，進取心強，野心勃勃，但過於功利主義。

他們對伴侶的期待，是希望她有如戰場上的戰友，能夠與他一起對抗困難險阻。他們比較執著專一，可以信賴。

他們始終都會以飽滿的精神、充沛的精力從容地面對一切，如果是從事人際交往較頻繁，活動量大的工作，他們將會有很不錯的發展前景。他們自信心強，有魄力，精明幹練，做事有毅力，不輕言放棄。不過有時也會很任性，會有些玩世不恭。

喜歡把手機放在背包或者公事包裡的男人

這樣的男人做事一定深思熟慮、胸有成竹，性情溫和，富有同情心和包容心。對自我的要求很高，自尊心很強，舉止優雅有風度，對人親和卻很少採取主動。

他們對伴侶的要求非常嚴格，除了喜歡你、愛你之外。在他們眼裡，最好你還是個各方面都很優秀的女性。性格使他們對愛情常常會有失落感，因為世界上的任何人都不可能是十全十美的，如果這種男人是你的伴侶，一定要與之溝通，讓他們知道你很珍惜這份感情。

他們是天生受上天恩寵的人，有著無窮潛力，只要抓住一次成功的機會，就有可能平步青雲。但因為他們太突出，往往會招來一些嫉賢之人的誹謗，所以請他們多留心自己的處事方式。他們思想保守、傳統、喜歡潔淨，有一定的文化修養。

他們是一個完美主義者，過分的苛求可能會給你帶來壓力，多鼓勵他們學會釋放，做一個懂得享受生活快樂的人。

喜歡把手機放於後褲袋的男人

習慣將手機放在牛仔褲或西褲後褲袋的男人，表面上待人溫和、友善，卻帶著強烈的戒備心，他有著一些不希望別人知道的心理小祕密，常常給人一種若即若離的感覺。如果你表現得過於沉迷，他就會迅速地做出反映，拉大他與你之間的距離，尤其當你深陷其中不能自拔時，請務必小心經營你們的愛情，讓他時刻感到自己是自由的。

他對自己的前途抱著很多的理想和抱負，但是常陷在思考的泥沼裡，既想獲得成功，又不願多付出，做事缺少耐心。

他的情緒起伏很大，容易多愁善感，性格內向，不擅言談，大多是因為心裡不為人知的小祕密造成的，這種人需要經常被人給予關心和鼓勵。

經常忘帶手機的男人

這類人屬於那種樂天派，是那種俗稱「沒心沒肺」的男人。這種男人性格外向，為人和藹可親，喜歡廣交朋友。像這種經常忘帶手機的男人可以暗示出他並不十分了解自己的生活目標，經常給人迷糊的感覺。

表面看上去馬馬虎虎，但對愛的概念、含意卻是相當清楚的，是典型的嘴巴花但心其實不花的可愛男人。在工作上常常因為無限的熱情而博得老闆的賞識。「大智若愚」將會在這種男人身上表現得淋漓盡致，有些時候，在他身上表現出來的缺點可能也是他的優點。

如何識別金錢背後的男人

有不少人認為金錢不但是一種財富，而且是權力和力量的象徵，也是衡量成功的一種尺度。所以觀察男人對待金錢的態度，就可以窺見其部分的內心世界。

喜歡錢來路不明的男人

有些男人的錢來路不明，他們有可能為了獲得金錢而鋌而走險、挪用公款和進行其他欺詐行為，他們對感情的所有承諾並不可信。他們在挪用公款的時候就幾乎喪失了所有的信用和尊嚴，所以在以後的行為當中，根本就不會再有什麼人格和倫理上的顧忌，一旦另有新歡，馬上棄前者如敝屣，翻臉無情。

喜歡不富裝富的男人

喜歡不富裝富的男人，其實把錢看得特別重要，以致金錢勝過一切，以賺錢為第一要義，不惜損人利己以達到自己的目的。虛榮是他們最大的特徵，他們的表演不堪一擊，很容易被他人識破。這種人表現欲極強，害怕自己的真實身分和地位給自己帶來世俗的眼光，嚮往高貴的貴族生活。

喜歡不窮喊窮的男人

不窮喊窮的男人，經常處於不滿足的狀態當中，總覺得別人的東西都比自己的好，認為全世界都虧欠他們。應付這種人是十分費力的，他們不會和任何人以誠相待，說的都是半真半假的話，大多數情況下會矇騙他人。

喜歡慷慨大方的男人

慷慨大方的男人，對金錢沒有達到癡迷的程度，也沒有把金錢視為人生第一要義，也就是說他們沒有超常的野心，有自己的理想和人生目標，能夠量力而行，知道追求自己真正需要的。他們對情感認真而熱忱，很能博得女人的青睞。

喜歡給情人買禮物的男人

既害怕失去女友，又不願意或是沒有多餘的時間付出太多的感情，想利用物質力量來填補感情上的匱乏。這種人做事猶豫不決，常常處於徘徊狀態，對於所擁有的不滿足，但又沒有勇氣和魄力去開發全新的領域。他們的情感經常處於一種猶豫不決的狀態之中，他們需要女友的深入了解，給予必要的幫助和安慰。

不喜歡花錢的男人

不喜歡花錢的男人，總是一成不變，把自己封閉在狹小的空間內，所以會變得越來越無知和愚蠢；對待感情他們也是同樣的自私，只想獲得愛情，而不想去為別人付出和奉獻，是個十足的獨裁者，往往得不到真正的感情。

喜歡債台高築的男人

有些人不善於經營生活，不知道把有限的金錢用到關鍵的時候和地方，所以經常囊中羞澀。他們對自己的生活沒有很好的規劃，只是想做就做，遇到困難再說，從不計後果，生活有些雜亂無章；感情也馬馬虎虎，人際關係一塌糊塗，沒有約束能力，得過且過，當一天和尚撞一天鐘。

喜歡今日有酒今日醉的男人

有錢時出手闊綽，無錢時一毛不拔，用錢也毫無節制，是具有躁鬱傾向的人。這種人生活沒有規律，計畫也不好，對待感情也是馬馬虎虎，很難得到真愛。

喜歡在嗜好上花費大的男人

不留下足夠的生活費，在嗜好方面大膽且闊綽用錢的人，是個偏執狂。這種人生活雖然有一定的計畫，但是使人沒有安全感，總為生活提心吊膽，他們往往比較自私，只顧自己的意願，很少替別人著想。

從男人的言行識別對方是否花心

男人假如屢屢得手，必然是有恃無恐越發猖狂，同時會越來越把你當傻瓜，所以盡早識破花心男人，既可減小你的損失，也可維護你的個人尊嚴。在這個問題上，女人絕不能心慈手軟、姑息養奸。

從在公共場合的態度識別男人花心

花心男人只會在和你獨處時百般親熱，甚至提出越位的要求；而在公共場合，他則會裝出一副謙謙君子模樣，和你保持距離，更不會把你當作女友介紹給他的朋友。

你可以在他的朋友面前主動介紹自己，看看他的反映。如果這一招不靈，就找機會在他的朋友面前和他做一些親暱的舉動，看他的反映，要是他的朋友知道他和別的女人有染，他一定會因此狼狽不堪的。

從你突然去他家的反映識別男人花心

如果他是花心男人，他一定不情願帶你去他家，即使你要求他這樣做，他也會支支吾吾地想法拒絕。你可逕自到他家樓下，打電話給他，解釋說出來逛街恰巧路過，然後要求上門拜訪他的父母。如果他驚慌失措地出言拒絕，那一定是心裡有鬼，即使不是花心，也是難以信任的，和他交往還是小心為是。

從是否真正加班來識別男人花心

為了有時間和其他女人約會，花心男人經常謊稱自己工作忙，需要加班，或者生意上有其他應酬。你可以打電話到他的公司，看他是否真的在忙工作，如果公司人說他根本沒來加班，那你就應該打電話給他，當然，你最好不要自己打，而是讓你的朋友試探他，如果真的是謊話，你就應該重新認識他了。不過這一點並不是絕對，最好不要出現冤假錯案。

從你試探他的表情識別花心

男人如果剛和一個女人鬼混完，來到你的身邊，花心男人也會心懷愧疚，因而他會無來由地大獻殷勤，幫你洗衣服做家務，或送你小禮物。

你可向他表示感謝，和他纏綿一番，在他自以為高明而心懷激盪的時候，在他的耳邊輕聲地說：「昨天，我的一個朋友看見你……」如果他心裡有鬼，他一定會有震驚的表情，並急促地問：「看見我怎麼了？」此招屢試不爽。

從是否固定時間和你約會識別花心

花心男人往往要多面作戰，所以他會盡量固定和你約會的時間，這樣才不會發生衝突，可以避免差錯與誤會。你可選擇一個你們不常約會的時間，不打招呼，突然出現在他的面前，這時你要仔細觀察他的表情：如果他是一臉驚喜，好像一個特別的意外，則說明他很愛你，隨時盼你出現；如果他露出滿臉尷尬或驚慌的表情，則表示他的心裡有鬼，對你的到來不知所措。

從花費的憑據識別花心男人

花心男人也不容易，這是一件很費錢的事，所以即使他的收入不錯，他仍會不時地囊中羞澀，因而偶爾表現出與他的收入不相匹配的吝嗇。你不要出言詢問，只需默默觀察，注意他錢的去向。如果最近並沒有購買什麼大件商品，而他的錢包卻空得很快，你就該提高警惕，做一些必要的檢查。如果你發現他的口袋裡有消費收據，而且是適合男女約會的場所，你最好詳細調查一下。天下沒有不透風的牆，真相自會水落石出。

從手機狀態識別花心

男人和一個女人約會的時候，如果另一個女人打電話來，是一件令人頭痛的事。所以花心男人中的老手都會把手機的聲音關掉。當然，也有特殊的情況，絕不能因為關機就做出武斷的判斷，還要留心的觀察。假若在和你約會的時候，如果他的手機沒響，卻一個人溜到陽台上去接電話，他多半有不可告人的事情。找機會留心一下他手機上的留言與電話，或許會有所發現。

從身上的香水味道識別花心

男人、女人一般都有自己鍾愛的香水品牌，所以如果有一天他的身上殘留著你認為陌生的香味，那他就很可能與別的女人有染了。這是一條很古老的鑑別方法，卻很有效。

花心男人很注意隱藏身上留下來的其他女人的香水味，如果你發現他違反一貫的懶惰習慣，把剛穿不久的乾淨衣服換掉，或者乾脆放到洗衣機裡去洗，那就一定是有問題了。你也可以乘他醉酒或熟睡時打電話給他，讓他猜猜你是誰。花心男人是極容易出錯的。

從對周圍女人的關心識別花心男人

花心男人常常是與你相熟的女人鬼混，花心男人很狡猾，有時候偽裝得很隱蔽。不過另一條線索你可以從你相熟的女伴身上留心觀察一下，看看是否有異常反應。

女人都有一種獨占欲，和別人分享同一個男人是一件挺痛苦的事，所以你會在一些細節小事上發現，她對花心男人細心而溫柔，對你卻躲躲閃閃，甚至露出不屑之意，留下幾個並不怎麼美麗的白眼，沒有比這更能說明問題的了。

從他習慣的改變識別花心男人

男人很容易受身邊女人的影響，從而選擇不同品味與風格的衣服，不同品牌的菸、酒等。一旦他突然改變了習慣，很可能就是他的身邊有了別的女人，這時你可以用同樣的方法試探他，比如給他買一件飾品，讓他時刻佩戴在身邊，他如果真的有別的女人，在和別人約會時，就會摘下你送給他的飾物。畢竟戴著一個女人的飾品去和另外一個女人親熱，是一件很忌諱的事，當然這樣就難免疏漏了。

如何看透男人是否有外遇

在生活中，有的青年男子似乎把他們的許多精力都集中在拈花惹草的越軌行為上，他們甚至迴避對自己、對工作、對家庭及對社會的全部責任，而對性卻具有強烈的佔有觀念。

當今社會外遇也是一個很普遍的問題，這給家庭、事業都造成了不良的影響。外遇難道是不可避免的嗎？這個問題不好回答，但是，外遇是能事前察知和進行一定防範的。

一般來說，這些人在不同程度上具有重大的心理障礙，做妻子的必須了解他們的心理特徵，以便對症下藥來維持家庭的美滿與幸福，具體可從以下方面注意觀察對方。

從時間變化上觀察對方

本來經常準時回家的丈夫，突然變得經常晚回家或者過早離家，而且還喜歡經常打聽配偶的作息時間，如：何時出差，何時加班，何時回家，以便摸清情況，利用配偶不在家或外出的間隙機會，與情人幽會。

從外觀變化上觀察對方

一個有外遇的男人，最顯著的變化首先反映在穿著打扮等外觀形象上。本來對流行服裝和打扮並不很感興趣的丈夫，突然開始左顧右盼地關心和注意起自己的外觀打扮來，並經常問你他的打扮是否得體，還自己經常買衣服。這時你應當進一步留意他是否與某位神祕的第三者有祕密的往來。

從習慣變化上觀察對方

有些習慣和常規突然改變，大多都是事出有因的。比如，一個本來對公司工作並不是很熱心的丈夫，突然聲稱最近工作很忙，需要加班，還要外出出差。他以前是早睡早起，而現在卻是早睡晚起等等，其目的是為了利用更多的時間去與情人約會。

從情緒變化上觀察對方

一個已經變心而另覓新歡的丈夫，不論其如何偽裝，製造假象迷惑配偶，只要留心觀察，都不難發現其變心的蛛絲馬跡。有的有外遇的丈夫會突然對妻子變得比以往更溫柔、更熱情、更討好；有時甚至會把與情人幽會後的興奮情緒帶回家中，表現在妻子面前；而有的外遇者則相反，會突然對配偶變得比以往更冷淡、更挑剔、更無情；有的時候，他對妻子總有防禦心理，所以總是疑神疑鬼，心神不定。

從性生活的變化看對方

性生活往往是檢驗夫妻感情好壞的試金石。一個正在變心或已經變心的丈夫，在性生活中再無平時的那種熾熱感和溫情感了。對他們來說，性生活已經變得徒有其名，而失去真實的情感內涵。如果發現配偶對性生活突然變得異常冷淡、缺乏熱情，同時又無法用疾病、生理等原因加以解釋，那麼你們夫妻間的關係肯定是出了問題了。

從電話的異常看對方

電話是有外遇者常用的聯絡和約會方式，但有外遇者對電話往往是反應異常的。通話時常使用一些暗語或雙關語，一旦發現配偶或熟人注意時，便神色慌張地掛掉電話。如果在家裡，則會偷偷地溜到陽台或浴室等地方。有時則藉故溜出去打公用電話，都是為了隱匿其行為蹤跡。

從活動行蹤的變化看對方

由於有外遇者的活動絕大多數是祕密進行的，為了躲避配偶或熟人的視野，他們總是煞費苦心地尋找一切有利時機進行接觸。這時對他們來說，時間和機會是最重要的。為此他們總是尋找種種藉口，一反常態，熱心參加原來並無興趣的活動，如晨練晨舞、晚間散步、郊遊、團體聚會等等。

從實證判斷對方變化

俗話說：「紙是包不住火的。」有外遇者儘管小心翼翼，千方百計掩蓋其活動真相，但有時也會有所疏忽，露出馬腳。例如，將情人的情書或約會便條遺忘在口袋或公事包裡；或者將與情人同看電影的兩張電影票忘在衣袋裡等等，只要你細心查找，便可找到實證。

從對孩子的態度看對方

有婚外情的男性，都不可避免地在對待孩子的問題上曝露出來。這樣的爸爸，可能比以前更冷酷地對待孩子，也有的對孩子過分的關心，這種關心似乎讓人感到害怕，也許是他怕失去孩子。一旦發現丈夫對孩子的態度發生與以往不同的明顯變化，那麼問題就值得深思和懷疑了。

妙探與你相交男人的十大祕招

女人在與男人相處時，有些根本不認識、不了解，這就需要溝通了解。那麼，你怎樣才能知道這個男人是否可以繼續相處？下面給你提供幾條妙計，不妨試一試。

從生活用品看對方

他的家裡擺滿書還是擺滿球賽優勝獎狀？是擺著與家人的合影嗎？不經消毒你敢用他的廁所嗎？家裡是不是凌亂不堪？這或許是他一時沒空收拾房間，但如果他就是不愛整潔，那他將很難改變惡習，你必須做出決定，你能與這樣的男人生活在一起嗎？你有把握改變這種髒亂的環境嗎？

從他的交友習慣看對方

你不可能喜歡他所有的朋友，但如果你不喜歡他的大多數朋友，這就是提醒你，他不適合你。至少他的性格愛好方面與你相差很多，你倆沒有太多共同語言，這在交流上是一個障礙。當然，男人結交一些女性朋友也不是壞事，這有助於他理解女性的特點，也表示他能與異性交流。如果他只有女朋友而

沒有男朋友，你就要當心了，這樣的男人會時常感到其他男性的威脅，他需要在異性面前堅定自己的自信心。

從他對小孩的態度看對方

如果他嫌小孩麻煩，拒絕對小孩親近，甚至有時候在小孩調皮的時候竟然使用暴力，那他永遠不會成為一個好父親。若他非但不討厭小孩，還樂於與小孩交談，甚至俯身傾聽孩子說話，趴在地板上與小孩一起遊戲，這樣的男人無疑將成為一個好父親，你值得與他發展關係。

從他的時間觀念看對方

與他8點約會，而他9點才到，說明他沒把你放在心上。如果是特殊情況還是值得原諒的；如果屢教不改，那你就要仔細想一想了，在他眼裡，他總覺得自己的時間比你的時間更重要，這實際上是他缺乏對你的尊重。

從他的語言特點看對方

如果他在女友面前充滿溫情地談起自己的家庭，這種男人最能打動女人，他們也很有家庭觀念，成熟，穩重，有責任感，是值得交往的男人。如果他希望你與他共享歡樂或分擔痛苦，這種人比較自私，常常為自己打算得比較多。還有一類男人喜歡對別人品頭論足，看不起任何人，聽信傳言，甚至對別人的遭遇幸災樂禍，這種男人趁早離他遠點。

從他對前女友的評價看對方

講前女友壞話的男人是靠不住的。既然曾經相愛，為什麼要詆毀其名譽？同樣地，他也會用同樣的方式對你。這種人比較自私，對自己有利的東西就是好東西，自己不想要的東西就會一文不值。尊重自己以前的女友，才是大度的男人，這種人心胸豁達，有寬容心，善解人意，是值得信賴的男人，但如果他總是在你面前說前女友的好話，這說明他仍想念她，舊情難忘，這時你在與他交往時要慎重。

從他對母親的態度看對方

對母親不好的男人，你別去親近他。男人對母親的態度就能說明他對女性的態度。尊重母親的男人，他同樣懂得愛自己的妻子，但是要注意，如果男人過分依戀母親，言聽計從，很可能缺乏獨立性，這樣的男人很少有男子漢的氣概。

從他的金錢觀念看對方

有的男人總是搶著付帳，這並不能證明他大方，反而表示他想控制女友。這種人有強烈的佔有欲望，什麼事都把自己擺在首位，驕傲自大，而吝惜、小氣的男人在情感方面也注定斤斤計較。這種人比較自私，做事思慮縝密，思前想後，猶豫不決。至於揮霍無度，經常透支，甚至負債累累的男人，你千萬不可與他交往，這種人給人沒有安全感，讓你整天為他提心吊膽。

從對工作的態度看對方

從某種意義上講，男人對工作的態度就是對生活的態度。凡是在工作上稍不順心就跳槽的男人，幾乎可以預料，有朝一日，夫妻關係出現一點點挫折時，他也會一走了之。可以看出這種男人缺乏耐心和毅力，容易向困難妥協低頭。在工作上非常執著的人，注定在感情上也是一個非常執著的人。

從他的心理健康程度看對方

愛諷刺別人的男人，其實是藉貶低別人抬高自己，這類男人心理不健康。還有些男人無緣無故發火，有時衝著電視節目喊叫，還可能對服務員無禮，他可能在精神方面潛藏著隱疾，有發展成躁鬱症的危險。

要不得的十三種男人

女人在日常生活中，常常會碰到形形色色的男人，從一個女人的角度來看，能找到一個自己情投意合的男人度過一生是很幸福的事，但這也不是一件容易的事，需要有足夠的眼力，以下十三種男人就要小心對待，謹慎處理。

酷而深沉的男人

他們經常是一副莫名痛苦的模樣，憤世嫉俗。這種男人事實上生活在自以為是的悲慘世界裡，痛苦得死去活來，追求一種永遠也達不到的境界，他們理想中的世界與現實總是相差很遠，所以他們總是在痛苦中煎熬。他們與女人相處的時候，總是若即若離，使女人痛苦不堪，他們善於欺騙嚮往愛得轟轟烈烈的女人，可是這種愛情僅僅是曇花一現。

事業型的男人

有事業、有地位的男人是最受女人青睞的，可是如果過分看重事業的男人，往往會犧牲個人情感，而選擇那些能夠在金錢、權勢和能力等方面助他們一臂之力的女人。他們選擇伴侶不是以深厚感情為基礎，而是以能否為自己發展出力為目標的，所以這

種過分追求事業的男人，其擇偶是有條件的，而不是真正能夠患難與共的伴侶。

「浪子」型的男人

他們交際很廣，從來都沒有打算一輩子廝守著一個女人，可謂「男人不壞、女人不愛」，許多不信邪的女人往往躍躍欲試，想用真情或者純情去綁住他們，不過美麗的柔情最終還是鎖不住他那蠢蠢欲動的心，結局還是一場悲劇，所以這只不過是一廂情願的做法。

大男子主義型的男人

他們喜歡呼喝，一副「大丈夫何患無妻」的模樣。他們有著強烈的佔有欲望，有唯我獨尊的威嚴，凡事喜歡領導別人，左右別人的思想。

這種男人如果是表面上這樣，而你的確愛他，那就遷就維護一下他的尊嚴吧；如果骨子裡也是如此，那麼做他的妻子就慘了。

油腔滑調型的男人

這種男人甜言蜜語、虛偽地恭維每一個女人，使人渾身起雞皮疙瘩，沒有一點誠意。這種類型的人常常給人一種愛得深，山盟海誓的錯覺，讓你覺得他就是你一生的依靠。可是許多女孩就喜歡這一套，被灌得迷糊了，還在偷偷地沾沾自喜。與這種男人平時應酬應酬，做朋友還不錯，如果把他們的話太當真可就糟了。

女性朋友多的男人

他們對每一個女人都非常關照，就像一個大好人，男女之間是不是有真正的友誼還需要探討。他們心思細密，很會照顧人，給人一種安全、可靠的印象。但若他對每一個紅顏知己或者好妹妹都事無鉅細地照顧，無疑會沒有更多的閒暇顧及你。不信，你試試就知道了。

過分注意自己形象的男人

穿著隆重得體，出門以前總是梳三次頭再照三次鏡子。表面上他是為了取悅女人，其實他最關心的人是他自己，而且十分自私，很少會顧及到女人的感受。

有戀母情結的男人

這種男人在幼時和母親接觸太多或者是太缺乏父愛了，故在長大成人後什麼事都依靠母親，他們缺乏獨立的意識，應變能力很差，做事沒有充足的信心。因為過於戀母，他們的行為與心理都變得女性化，這從他們的外表與喜好就可以看出來。與這種缺乏男子漢氣概的男性交往，你不僅感覺他不像男人，也會覺得你越來越不像女人了。

志大而才疏型的男人

這種男人好高騖遠，追求完美的生活和成功的事業，所以他們按照社會的期望把自己的生活安排得很滿，工作、交友和娛樂活動都不曾錯過，並且都想趕在潮流的最前端。而往往他們缺乏內涵，沒有真才實學，因此才讓許多事情來充塞時間，給你一種成功男士的假象。你如果和他在一起生活，時間一長，就會發現他只是一個假好男人，這種男人一生都不會有什麼出息。

藝術家型的男人

這種男人非常有才華，他們具有豐富的想像力，往往成為令眾人仰慕的藝術家。他們覺得自己獨一無二，行動與思想都非常另類，但是他們卻不太注意外表，或許想展現自己的與眾不同，留著長髮，衣服也很破爛，很長時間不洗澡的樣子，他們太陶醉於藝術創作之中，很容易忽略你的存在。和他生活在一起，你往往感到這並非真正的生活，你根本不能接受他的想法，你更無力去改變他，你只能默默地接受他的思維和生活方式。

急於結婚的男人

這種男人往往和你約會幾天、甚至數個小時以後便會向你求婚。剛開始的時候，他會表現得非常紳士、非常浪漫，他會與你在沙灘上漫步，送你一束鮮花，替你預備晚餐，甜言蜜語地說：「我愛你」。可是如果你真的嫁給了他，就會發現他所做的一切全是表面工夫。結婚以後，他馬上會完全改變，總是挑剔，喜怒無常，並且他從不認為自己有錯。這種人做事沒有長進，經常是三分鐘熱度，做什麼都只追求表現化，因此對於這種男人應該趁早避開，特別是經過多次婚姻的男人。

金錢至上的有錢男人

他們什麼事都以金錢為第一，似乎有錢就有了一切，物質上全都滿足了，精神上卻是十分空虛的。他們把過多的精力放在了追求金錢上，驕傲自大，自我炫耀是他們的慣用行為，和這種男人在一起，女人往往會變成傻子，喜歡把自己的物質條件作為向其他女人炫耀的資本。

心理不健全的男人

心理不健全的男人絕不要輕易選擇，與他們一起生活非常痛苦，常見的心理不健全的男人有以下幾種：

(1)心胸狹窄：不准妻子和其他男人稍有接觸。
(2)心理陰暗：為了達到目的，往往使用卑劣手段卻不以為恥。
(3)膽小懦弱：無所作為，被別人看不起。
(4)酗酒賭博：沒有理智，容易被別人或者環境擺布，對妻子缺乏溫存。
(5)舉止輕浮：對兩性關係看得非常隨便，經常玩弄女人。
(6)非常吝嗇：需要花錢的時候不花，對每一分錢都控制得很緊。

如何從細節了解男人心

若想了解一個男人，千萬不要天南地北問個不休，那樣太容易被他搪塞。其實最好的方法就是觀察他的細節。

從穿著判斷男人的心

衣服是人們的外包裝，最能彰顯人的個性，反映出個人的某些深層次的心理。儘管現在的服裝款式風格多樣，但從某些細節上仍可以看到人們的心態。從他喜歡穿什麼樣的服裝，可以判斷出他喜歡什麼類型的女人。

喜歡西裝筆挺或衣著考究的人，他們喜歡那種在乎性生活，在情感上執著專一的女人。他們需要的是善於溝通感情，昇華情感，懂得關懷家人，理智又有傑出表現，美麗動人，同時又會享受生活的女人。

喜歡衣著寬鬆、舒適隨便的人，這種人喜歡那種情感細膩，能夠尊重他和理解他的女性。你需要注意他的生活細節，關心他的心事，因為他們渴望受到呵護和關懷。賢慧、善良，有家庭責任感，較為傳統的女性是他們的第一選擇。

喜歡衣著考究，且輕便型的服飾的人，他喜歡重視個人成長、有才華、略帶權威型的成熟女人。這種女

人最好是治家理財有方，能讓他享受優越的物質生活。但他不是一個輕易妥協的男人，因此要和他廝守一生，必須懂得適可而止。他會讓自己喜歡的女人有盡情發揮的空間，尊重她，讓她擁有自己的一片天空。

喜歡穿名牌的人，他喜歡的就是外交官型的女人，溫文爾雅、秀麗大方、善解人意、溫柔善良，有良好的持家、治家經驗，與人溝通的能力和良好的人際關係。

不喜歡穿新衣的男人，這種人喜歡的是家庭觀念強，能夠獨立照顧子女，重視子女教育，責任感強，甚至有良好烹飪技術的女人。他的家庭責任感強，不會在乎女人的外表，而是注重內在品德。

喜歡穿運動衣的人，他追求的是受教育程度高，很有理想目標，有良好的人緣，能夠獨挑大樑或具有特殊才能的女人。雖然他會認為這種女人有時太以自我為中心，但因為這樣的女人能在生活中帶給他很多安全感，權衡利弊之後，他寧願選擇一個可以信賴的女強人作為終生伴侶。

從約會探知男人心

女孩子「測試」男方對自己的態度最常用的「伎倆」就是約會是否遲到。透過觀察男方等待時的神態、姿勢和動作，可以看出男方對愛情的態度。

●喜歡早到的人——早早地在約會地點等候，臉上露出焦急、不安的神情，不停地走來走去。這種動作表現了他內心的焦慮，他很擔心妳，以為妳出了什麼事或者失約。但是隨著妳的到來，這種不安馬上就不見了。這樣的對方非常在乎你，他給妳安全、可靠的

肩膀，感情專一，愛得很深刻。

●喜歡發牢騷的人——把胳膊交叉於胸前，見面後會發一陣牢騷。他等妳的時候一定在想：「我倒要看看妳究竟什麼時候到！」他這是在和你賭氣，甚至於有主宰妳的想法，對妳的遲到不滿，就直接講了出來。雖然不能說他不愛妳，但肯定最愛的不是妳，而是他自己。這種人有些自私自利，常常把自己的利益放在首位，他的感情有些軟弱，遇到挫折會很容易妥協。

●喜歡一隻手握另一隻胳膊的人——採取一隻手握著另一隻胳臂的姿勢等待，這說明他在控制自己，隱藏自己的心情。他當然對妳的姍姍來遲很不滿，但他不發脾氣，因為妳是他心愛的人，他應該體諒妳。這種人很有涵養，懂得克制自己的情感，但有時心口不一，叫人捉摸不透。

●喜歡手插在口袋裡的人——把手插在口袋裡等，這說明他在享受這種等妳的感覺，也相信妳並不會遲到太久。他守時，也很討厭遲到，但出於對妳的愛，他依然會彬彬有禮地說：「妳下次約會準時一點哦！這種人性格溫和，善於自我調節，在困難和挫折面前善於自我調整，不是妥協放棄，而是城府很深的人。

從「感冒」的水杯判斷男人心

戀愛使人失去理智，使人甘願自我犧牲，它使人願意把自己的歡樂放進別人的快樂裡，把自己整個人都獻給所愛的人。其實，從日常小事中可以窺視大目標，假如妳感冒了，妳把剛喝一口的水杯遞給男友時，看他的表現如何？

●毫不顧忌地喝下去的人——知道水杯也許會使他被傳染感冒，而他卻毫無顧忌地把水喝了下去。他對妳的情意可以絲毫不用懷疑，他是真心實意地喜歡妳。妳有意讓他喝可能會傳染感冒的水，可見妳根本就不在乎他，而他對此都能夠毫不猶豫地接受，說明他對妳愛得有多深！

●避開妳碰過的位置的人——巧妙地避開妳碰杯口的位置把水喝了下去，這表示他很能體貼你、順應妳，但對你的愛情帶著一點功利性的企圖，這樣的戀人，很有可能在你最需要他的時候調頭離去。

●婉言拒絕的人——面對妳遞過來的杯子，他一本正經地說：「不喝了，我一點也不渴。」那麼他的心態是既不損人也不利己，很識時務，有心機。但愛情本是純潔的，用謊言來搪塞自己的戀人，可見他對妳還不是一片真心。

●明知會同病相憐的人——如果他對妳說：「妳想讓我也和妳同病相憐嗎？」也就是暗示妳「會傳染感冒」，最終不喝水的話，他的確是一個性格開朗、對妳無話不說的人。他誠懇、體貼、溫柔，對你充滿信任和理解，也懷有深沉的愛，和他交往一定錯不了。

從禮物判斷男友的真實想法

得到禮物是令人愉快的，女人希望得到禮物，是因為她能從得到的禮物中體會到送禮贈物之人的一片心意。

戒指、耳環等飾品幾乎就是送禮者的「替身」，含有一直想跟在妳身旁的意思。

項鍊、手鐲等是「鎖鍊」的象徵，表示對方想擁有妳，時刻緊緊地抓住妳。

花是女性的表示，象徵著美麗和清純。如果他送花，那麼就是他打心底認為你是個美麗、有女人味的女人。男人送給女人的禮物

中，最受歡迎的就是花。

如果那花是由對方親自採集來送給妳的，那麼送花含有願意為你做任何犧牲、任君吩咐的意思。

送手帕表示他是在對妳說：「忘了過去吧」。手帕或毛巾等含有「潔淨」的意思。用在男女之間，則很有可能是想清算過去，但也可能是請妳忘記過去的不快。他太了解妳了，對妳過去的不快和不光彩的事瞭若指掌，但這也說明此後他將全心全意地愛妳。

水果或糖果等含有一起吃或一起玩的意思，就更深層次的意義而言，也可說是象徵「遊戲」。吃完玩完就不會留下任何證據，他所追求的也許只是把妳作為愛情遊戲的對象。當然將來也可能發展至更深一層的關係。

送你貼身衣物表示「我是妳的奴隸」的意思。貼身衣物當然有性的意味，也含有奴隸的象徵。越是高級奢華，越能成為成人男女關係間的香料。

送高級手錶並且希望你能隨身攜帶的男性，有兩個目的：一是誇耀自己的財力；另一個是希望一直擁有你。

送衣服的男性，可以說是很自我的人。他是憑著自己的興趣來決定你的喜好的，尤其是他買衣服時沒有帶妳去，你大可以認定，他是個專斷的人。

他送小東西給妳，說明他對你很淡然，雖然他受妳未知的部分吸引，但是，對妳實在很不了解。當然，不了解不能說明不愛，只是愛的基礎太薄弱，你應該讓他更了解你。

送 CD 唱片，說明他是以精神上的滿足為第一考慮的人。他很仰慕妳，藉音樂來表達對妳的愛慕之意，他是個很浪漫的人，也是個很尊重妳意志的人。

從停車位置探知男友的心

開車的姿勢、速度可以看出一個人的性格，而從一個人停車的位置可以看出他的心態。尤其是戀人開車，他會不會因照顧妳而把車停於方便妳活動的地方呢？

●喜歡停在公司入口處的人——如果男友非常懂得體貼妳，那麼他就會把車停在公司的入口處，為了方便起見，他就是要縮短汽車與商店門口的距離，他總是先考慮妳。當然了，這個車位因為靠近商店門口，再考慮到堵車和駛出的問題，大多數人都會這麼選擇，但至少說明他考慮問題較為周全。

●喜歡停在豪華轎車旁的人——如果他不假思索地選擇了一個旁邊停有一輛高級豪華轎車的車位，說明他想對這輛豪華轎車提出挑戰，有點比一比、不服輸的較勁意味。妳的男友很自信，而且喜歡在妳面前表現自己，懷有一種虛榮心，如果他哪天發現妳對他不滿意，就會感到壓力很大。

●喜歡停車位的人——也許妳的男友會選擇一個四周空空如也的停車位，這乍一看是因為在搭乘上比較方便，但實際上，卻是他對自己駕駛技術的不自信。你的男友有一些自卑心理，在人前有時會有些畏畏縮縮。

●喜歡找空位的人——他可能一找到空位，無論是哪一個，反

正是他最先看見的那一個，就馬上選擇了，那麼他肯定有一種搶先的心理。妳的男友有點急躁，也很熱情，對妳和他的關係充滿信心和希望。

第十章

如何看透女人心

Part 10

◆紅色口紅能強調嘴唇，給人一種成熟的感覺，沒有自信的女性是不會塗此種顏色的口紅的。這種女人往往是事業型的女強人，成熟幹練，充滿女人味。

◆喜愛吃奶油類食品的女人，這種女人富於羅曼蒂克情懷，認為自己生命當中注定充滿燦爛的陽光，生活中的新鮮和刺激會讓她們驚喜不已。她們富於幻想，整天生活在編織好的美夢中，與現實嚴重脫軌，所以一旦從夢境驚醒就會失落而不知所措。

◆喜歡穿黑色泳衣的女性，她們是具有個性的人，自己也意識到這一點，而刻意表現與他人的不同。男人若想要以平常的方法追求，只會吃閉門羹，這一點可要特別注意。

◆將頭髮由長剪短表示一個人遭受挫折或獨立意識在增強。由長髮一下子變為短髮，則表示她由正常的女性自覺轉為非正常的自我角色否定，甚至是心理崩潰。這種女人性格內向，在困難面前沒有說「不」的精神，容易妥協，這是一種徹底的否定，往往意味著一種生活狀態的結束。

◆習慣使用精神型香水的女性，在生活中渴望追求一種閒適的生活狀態。然而在閒適中，她們並非虛度光陰，而是在腦海中翻騰著一個又一個奇思妙想，並熱中於將自己的想法付諸實施。

從口紅風格識女人

你知道女性在化妝時，最在意的是哪個部位嗎？答案是最能產生點睛作用的嘴唇。

市場上口紅的顏色多得讓人眼花繚亂。口紅的選擇與女性的潛在性格有很大的關係。假如問男性「在第一印象中，你感到最具女性性魅力的是哪個地方」時，回答嘴巴的男性很多。

喜歡粉紅色的女人

這種口紅是表示女性純潔、可愛之色。在初次約會時，很多女性會塗粉紅色口紅。

淡粉紅色和鮮亮粉紅色所給人的印象是完全不同的。淡粉紅色有著一種清純的氣氛，鮮亮粉紅色則較為愛玩的女子所喜用，但不論哪一種，都很吸引男性。喜愛這種色系的女性擅長向男性撒嬌，對戀愛的期待也很大。

喜歡紅色系的女人

紅色口紅能強調嘴唇，給人一種成熟的感覺，沒有自信的女性是不會塗此種顏色的口紅的。這種女人往往是事業型的女強人，成熟幹練，充滿女人味。

喜歡橘色系的女人

最柔軟，又易讓人感到親近的，就是橘色系的口紅。它不像粉紅色般輕浮，也不像紅色般強烈，而是給人一種中庸的印象。

喜歡這種顏色口紅的女性，很能夠自我控制，具有優異的判斷力，多半是盡忠職守的上班族女郎。在戀愛方面，此種女性乃是屬於為男性奉獻犧牲的類型，因此在家庭裡，是個好母親、好妻子。而正因為如此，一旦遭男性背叛，就會妒火難熄。

喜歡褐色系的女人

雖然不華麗，但給人一種安祥感的，就是褐色系的口紅。喜歡此種顏色的女性，多是對自己的感覺有自信的，不論在化妝上或打扮上，都自有一套。這種人重視精神生活，有自己的思想，自控能力強，她們對於金錢、戀愛，都能以冷靜的態度對待，對男性的觀察力也很敏銳，理想很高。

喜歡紫色系的女人

自我顯示欲很強，喜歡裝扮後的自己。一般說來，此種人喜歡濃妝豔抹，不論是髮型或打扮都力求引人注目，此種人願意照著自己的方式生活，不喜歡平凡的生活方式。

給男性的印象是不易靠近，但因此反而具有受男性喜歡的不可思議的魅力和個性，這種類型的人大都屬於女權主義者，常要對方照著自己的原則走。

喜歡珍珠色的女人

喜歡塗有珍珠色口紅的女性，有著明確的自我主張，是富於個性且熱情的人。她們大膽，充滿想像力，對於自己的欲望敢於大膽地展現，希望過著自由自在，無拘無束的生活，想什麼就去做什麼。在戀愛方面，討厭受到男性的束縛，有著期待冒險的強烈心情。

從愛吃零食的習慣看女人

社會生活當中，女人和男人的喜好通常相差很遠，比較而言，女人喜歡吃各種各樣的零食，而且零食的種類會隨著地點、時間和她們的情緒不同而發生變化。熱戀中的男人常常會因為摸不清楚對方的心態而一籌莫展，但如果這些男人能夠清楚女人喜愛的零食，就可以展現她們的性格，那麼他們就有可能穩操勝券了。

喜愛吃麵類食品的女人

這種女人是社交場合中的明星，能夠在社交圈中左右逢源，盡顯風采，她們並不是那種誇誇其談，目中無人，不顧及他人感受的人，而是努力傾聽別人說話再做出積極回應，善於與他人溝通，值得信賴的知心朋友。她們樂於給予他人幫助，也會接受他人的回報。

喜愛吃巧克力的女人

這種類型的女人思維具有邏輯性，並具有一定的組織能力和協調性，計畫既系統又有條理，適合從事一些週期長、煩瑣和理論性強的工作。對於新事物、新思想抱持謹慎小心的態度，不輕易下結論，能夠在意外之時保持鎮靜，並給予解決問題的最佳方案。

喜愛吃奶油類食品的女人

這種女人富於羅曼蒂克情懷，認為自己生命當中注定充滿燦爛的陽光，生活中的新鮮和刺激會讓她們驚喜不已。她們富於幻想，整天生活在編織好的美夢中，與現實嚴重脫軌，所以一旦從夢境驚醒就會失落而不知所措。她們感情脆弱，當計畫受挫時，情緒就會出現極大的波動，甚至灰心喪氣，一蹶不振。

喜愛吃素類食品的女人

這種類型的女人自我控制能力強，禁得起誘惑，往往令不懷好意的好色之徒勞財傷神。她們的生活非常講求品質，清楚生活當中自己需要什麼，能夠進行正確和明智的選擇，並富於創造性；生活雖然平淡無奇，但她們卻能活得有聲有色，樂趣無窮。

喜愛吃鹹餅乾的女人

這種類型的女人精明能幹，吃苦耐勞，而且有上進心，敢於迎接各種挑戰，並向理想邁進；意志堅強，有毅力，性格急躁，喜歡把事情迅速做完，討厭拖拖拉拉，在追求自己目標的過程中能克服種種障礙，如果目標合理，往往能獲成功。

喜愛吃奶酥的女人

喜歡吃這種食品的女人最引人注目，她們外表美麗，身材婀娜多姿，很容易將男人的心勾引過去，但她們又是最不容易留住男人心的女人。她們除了華麗的外表之外可以說一無是處，幾乎佔盡了所有女人的缺點，哪個男人要是討了這樣的老婆，可要受罪的。

喜歡吃豆花的女人

這種類型的女人對愛情忠貞不渝，忠實誠摯，既然選定對象就會一心一意，死心塌地地愛著對方，她們認為這是面對愛情的基本要求，因為愛情是神聖的，不可侵犯的。她們也會要求對方遵守同樣的愛情標準。當對方性情不夠堅定，性情不夠沉穩，對愛情有些動搖，她們則寧可放棄，也不會忍耐對方。

判斷女人有外遇的徵兆

對於每一個人來說，外遇可以算是非常隱祕的事。尤其是女人，對於外遇會更加小心謹慎。你的妻子是否有外遇，從她口中是很難得出正確答案的。但是，凡事都有徵兆，就像下雨前螞蟻搬家一樣，做丈夫的要留心看你妻子是不是表現反常，以判定她是否有外遇。

突然變得愛穿著打扮

撩人的內衣通常是外遇的必備品，每當你妻子晚歸時，身上總是穿著新買的內衣，如胸罩、內褲、襪子等。或者每當你的妻子出差、旅遊、參加會議時，行李箱裡總是帶些性感的內衣，或選用最好的化妝品，顯得格外年輕漂亮，這時你就要提高警惕、留心觀察了。

電話接通後對方不講話就掛斷

你家裡的電話像是出了什麼毛病，當你接通時，對方卻沒有講話，你「喂」了幾聲後對方卻把電話掛斷了。這樣的情況如果出現幾次，可能是你的她已經有外遇的徵兆了。

她突然與你爭著接電話

過去，你家裡電話鈴聲響起時，並不一定都是你的妻子去接聽，甚至你在家時她會懶得去聽，突然從某一天起，她總是搶在你的前面去接聽電話，並且交談的聲音比往常低，交談幾句就匆匆掛斷，鬼鬼祟祟的，像有什麼祕密的事。

談話變得反常

你的妻子與你的談話變得越來越少，電視看得越來越多；某個異性的名字突然常在她口中提及或者以往常提的名字突然不提了；你的妻子開始說些不像平時所說的內容；你的妻子常常有些莫名的想法，讓你越來越摸不透她。

性生活習慣突然改變

你的妻子找藉口拒絕與你做愛，做愛時不再親暱地呼喚你。不過，有時候也有相反的情況，比如她突然變得「性」致勃勃，要求變換一些新的做愛技巧，甚至花招迭出，而很多新花招都是你不知道的。

突然變得行蹤可疑

你的妻子突然變得提前上班或晚歸。當你打電話找她時，總是很難聯絡上；夜間加班或上進修課的時間比平常延長了很多，總是不能如期而歸；有人發現你的妻子經常與異性出入賓館或飯店。

她突然變得無理取鬧不近人情

外遇的一方為了尋找心理平衡，精神上的滿足，有時會故意找碴激怒你，這樣她自己反而覺得和你這樣暴躁易怒的人在一起，有外遇也是理所當然的，這樣只是給她的出軌行為找一個藉口罷了。

經常有可疑的物品

你的妻子經常帶回鮮花、禮物或紀念品，你幫她洗衣服時發現情人節卡或某飯店、舞廳的優惠卡；你與妻子很久沒有過性生活了，但突然從她衣服口袋裡或提包裡發現了保險套或避孕藥。

同事、鄰居、同學、朋友看你的眼神很特別

當你的妻子有外遇時，通常知道最晚的往往是你自己，而你的同事、鄰居、同學或朋友可能比你先知道。當他們親眼看到或風聞你的妻子有外遇時，想告訴你又擔心你承受不了，所以他們看你時的眼神總是顯得與往常不一樣，你總會感覺有人在你面前指指點點，說些異乎尋常的話。

你的孩子變得特別黏人、好動

孩子是很敏感的，當母親有外遇時，孩子會很敏感地覺察到，他會感到困惑，進而以為是自己做錯了事才惹得媽媽那樣，在巨大的心理壓力下可能出現尿床、無理取鬧、做噩夢等現象。如果他們是青少年，便可能會喝酒、亂交朋友、打架，甚至會在大雨中跑去淋雨使自己生病，孩子的這些行為主要是潛意識中希望，藉此把母親的注意力從外遇中拉回來。

她不再企圖說服你改變壞習慣

如果你有賭博、酗酒等不良習慣，過去你的妻子一直嘮叨著企圖勸你改掉它，可現在她卻突然不再嘮叨了，變得視若無睹，這時你就應該提高警惕了。

力圖積存私房錢

你的妻子深陷外遇而不能自拔時，自然要為他們在一起時的花費，甚至為他們以後的結合做打算，這時她的財務不再像往常那樣透明，甚至連以前願意負擔的家庭支出也斤斤計較，或者不願意支付。

從女人髮型的變化透析女人心理

女人在一生中，總是不停地變化著髮型，或者透過髮型在演繹著人生，女性的髮型的變化總是能夠傳遞和洩露她們的心情的。

喜歡由短蓄長的女人

這種女人積極樂觀，富有理性。她們髮型的變化是對自己的未來有所希冀的表現。另外，讓頭髮一次性蓄成過肩甚至齊腰長髮，表示女性心理中傳統的被動性、依賴性增強，心理承受力減弱。

喜歡由長剪短的女人

將頭髮由長剪短表示一個人遭受挫折或獨立意識在增強。由長髮一下子變為短髮，則表示她由正常的女性自覺轉為非正常的自我角色否定，甚至是心理崩潰。這種女人性格內向，在困難面前沒有說「不」的精神，容易妥協，這是一種徹底的否定，往往意味著一種生活狀態的結束。

喜歡由散到辮的女人

由散到辮代表了她們嚮往早年經歷，期望回到原初的心態。這種髮型代表了在生活中感到壓抑，處於被動局面的女性形象。他們對於新生活缺乏自信，她們不善於袒露自己的喜怒哀樂，什麼事都只是自己負擔，有時會有種喘不上氣的壓抑。

喜歡由散到束的女人

頭髮由散到束表示著女性尋求自信與獨立的願望。她們在人際關係中執意強調自身的性格特徵，期望得到他人的認可。她們對現實中的角色體驗感到不滿，期望能夠打破自身在現實生活中的格局，渴望超越平凡。

喜歡由散到綰的女人

將頭髮由散到綰表示女性在情感問題上遭遇挫折、心情低落。若長期留這種髮型則說明其心情沮喪、全面收斂個人舉止，期望用這種方式能夠使糟糕的心情得到撫慰，以一種適應的姿態期望獲得新生。

喜歡由散到盤的女人

由散到盤的舉動表示她們強調女性身分，突出女性特有魅力，旨在喚起異性的注意，強調自身的存在特性，屬於一種渴望奇蹟出現的被動性等待。

喜歡頭髮完全散開的女人

把頭髮完全散開表示心態的完全放任、恣意縱情。另外，鬆開頭髮是很強的性的暗示。調查顯示，日常留這種髮型的女性往往處於熱戀之中。另外，散開頭髮還表示了個人的自我意識的回歸或加強，意味著不受規約，在自由狀態下隨心所欲，釋放自我。

喜歡由捲變直的女人

將鬈髮拉直表示由強烈的感情轉化為平和坦然的心態。當女性的情感生活趨於平淡或乾脆煙消雲散時，她們會把代表情感狀態的旗幟——髮型撤換下來，尋找最初的平衡。

喜歡染頭髮的女人

這種舉動代表了一種追求新穎刺激的新事物，渴望自己的生活狀態有所改變的心態；她們試圖用這種方式釋放激情，追求新的生活。

不宜成為結婚對象的女人

學問比你高的女人

談戀愛時，找個有一定教育水準的女人是必要的，但要是對方的教育水準比你高很多，就有些不妙了，因為女性的教育程度太高了，她的自尊心就往往達到了使男人無法忍受的地步。在這種女人面前，男人很難找回自尊和尊嚴，自己的主張很難施行。

你必須牢記這一點，凡是口裡還經常掛著「理論基礎」而自命不凡的小姐，切勿和她談情說愛，要是這位小姐還有什麼值得自豪的學歷，你就更加要敬而遠之。

過分漂亮迷人的女人

一個男人一生辛勞，其目的大概是一為名利，二為美人。一個男人若能娶得美人歸，會在心中大感興奮，但過分漂亮迷人，到處惹男人行注目禮的太太至少會給他帶來兩種災難：

(1)消磨自身。妻子太美，男人就容易滿足，安於現狀，因而不圖進取，故往往一生沒有什麼成就。其次，男人自然對嬌妻疼惜有加，百依百順，最後就沒了男人氣概，喪失了主見，成了任由嬌妻擺布的傀儡。再次，整天想念著嬌妻，很難專心工作，而且還時時存在不安感，潛在意識裡害怕嬌妻跑了，或別人會來勾引她。失去了很多本屬男人的東西，很多事也就做不成了。

(2)惹來嫉妒。有句俗語：「子女是自己的好，老公老婆是人

家的好。」明擺著一個美人兒，那就更惹同事、鄰居、親友眼紅。人的心理有時很怪，明裡說不出口，暗裡就會對你加以排斥。你自己固然弄不明白自己在什麼地方得罪了同事、上司，而排斥你的人也未必能清楚，其實這只是一種心理在作怪——嫉妒。因而你要知道，美妻可能會給你帶來一批敵人。

洋娃娃型的女人

這類女人一臉孩子氣，外表已屆成熟，內心卻極其幼稚。天真快活，無憂無慮，有人愛她更是得意非凡，卻不是個管家的材料。男人娶了她，你得準備親自操持家務，家中才可能井井有條，因為這類女人的孩子脾性一直會保持到中年以後。當然，如果你娶妻只是想找個溫柔的小女人回來疼愛，那這類女人挺合適。

情緒化型的女人

這類女人十分情緒化，一會兒滔滔不絕，一會兒沉默寡言；一會兒神采飛揚，一會兒黯然神傷；一會兒對什麼都感興趣，一會兒又會對什麼都興味索然，感情非常易變，而且來得驟然激烈，叫人無法捉摸。如果你沒有相當的寬容大度、男子氣概和震懾力量，就最好別與她結為夫妻。

女強人型的女人

中國人形容女性的軟弱依附為「小鳥依人」，女強人與這類人品行正好相反，已趨向於明顯的男性化：醉心於事業，且有指揮他人包括男人的欲望。如果你沒有令她佩服的素質、智慧和能耐，那蜜月過後，你會慢慢發現自己竟成了她的附屬品，而這種感覺往往令男人難以忍受。

拜金型的女人

這類女人往往是靠出賣色相甚至肉體來換取金錢的。這類女人表面上與男人「正正經經」地談情說愛，其實她卻設法拚命花男人的錢。可見這類女人拜金，而金錢卻未必能買到她的愛。她願意做你的太太，十有八九是因為你財大氣粗，待她碰到個比你更財大氣粗的人，或待你變得財少氣細時，她說不定又要飛向別的枝頭做鳳凰了。

太過精明的女人

本來做事精打細算是一種美德，然而過分的精明，就變成吹毛求疵了。這類女人在戀愛期間，也許會竭力掩飾自己的品行，一旦結婚之後，那種精明過分的性格，就表現無遺了。

過分精明的女人，在腦海中什麼也沒有，除了一張算盤。這種太太永遠不知道安慰枕邊的人，除非你是一個事業家，打算要一位兼做助手的妻子，才會對這種女人有興趣。

富婆型女人

你必須懂得這一句話：「錢越多，腦子的活動能力就越薄弱。」如果你的太太有錢，你卻是窮光蛋一個，碰上了她的小姐脾氣發作，那就慘了。根據常理而論，凡富家小姐，多數是終日研究馭夫術的女人。除非你立志準備受女人氣，不然的話，還是不要和太過富有的小姐結婚吧。

自我感覺太好的女人

「自我讚美型」的女人不可擇為對象。這一類型的女人，總是不時面對明鏡，為打扮自己而心無雜念。為了化妝而花費個把小時，是習以為常的事。不但為此大耗時間，也大耗金錢。

這些人大都對自己的姿色有著很強的自信。有的是對整個狀態、容貌雖然沒有信心，至少對某一部分有信心。就算沒有足以驕傲的容姿，她也肯花一大把金錢，做人工的補救，設法使自己更美麗，她最喜歡成為眾人注目的對象。

丈夫的呵護、疼愛，她喜歡，但是要她對丈夫獻出所有的愛心，那就要看她先生的造化了。

她有一個希望：如果能夠迷倒天下所有的男性，該有多好。這種女人做了太太，毛病太多，虛榮心強，為所欲為，甚至有虐待變態症的一面。

國家圖書館出版品預行編目資料

看透人心：徹底辨別偽裝下的面具 / 程立剛作. --
初版. -- 臺北市：華志文化, 2017.03
面； 公分. -- (全方位心理叢書；23)
ISBN 978-986-5636-78-4(平裝)

1. 個性 2. 行為心理學

173.7 106001223

華志文化事業有限公司
系列／全方位心理叢書 323
書名／看透人心：徹底辨別偽裝下的面具

作者 程立剛
執行編輯 楊雅婷
美術編輯 簡郁哲
封面設計 王志強
文字校對 陳欣欣
企劃執行 張淑貞
總編輯 黃志中
社長 楊凱翔
出版者 華志文化事業有限公司
電子信箱 huachihbook@yahoo.com.tw
地址 116 台北市文山區興隆路四段96巷3弄6號4樓
電話 02-22341779
印製排版 辰皓國際出版製作有限公司

總經銷商 旭昇圖書有限公司
地址 235 新北市中和區中山路二段三五二號二樓
電話 02-22451480
傳真 02-22451479
郵政劃撥 戶名：旭昇圖書有限公司（帳號：12935041）

出版日期 西元二〇一七年三月初版第一刷
售價 二七〇元

華志文化

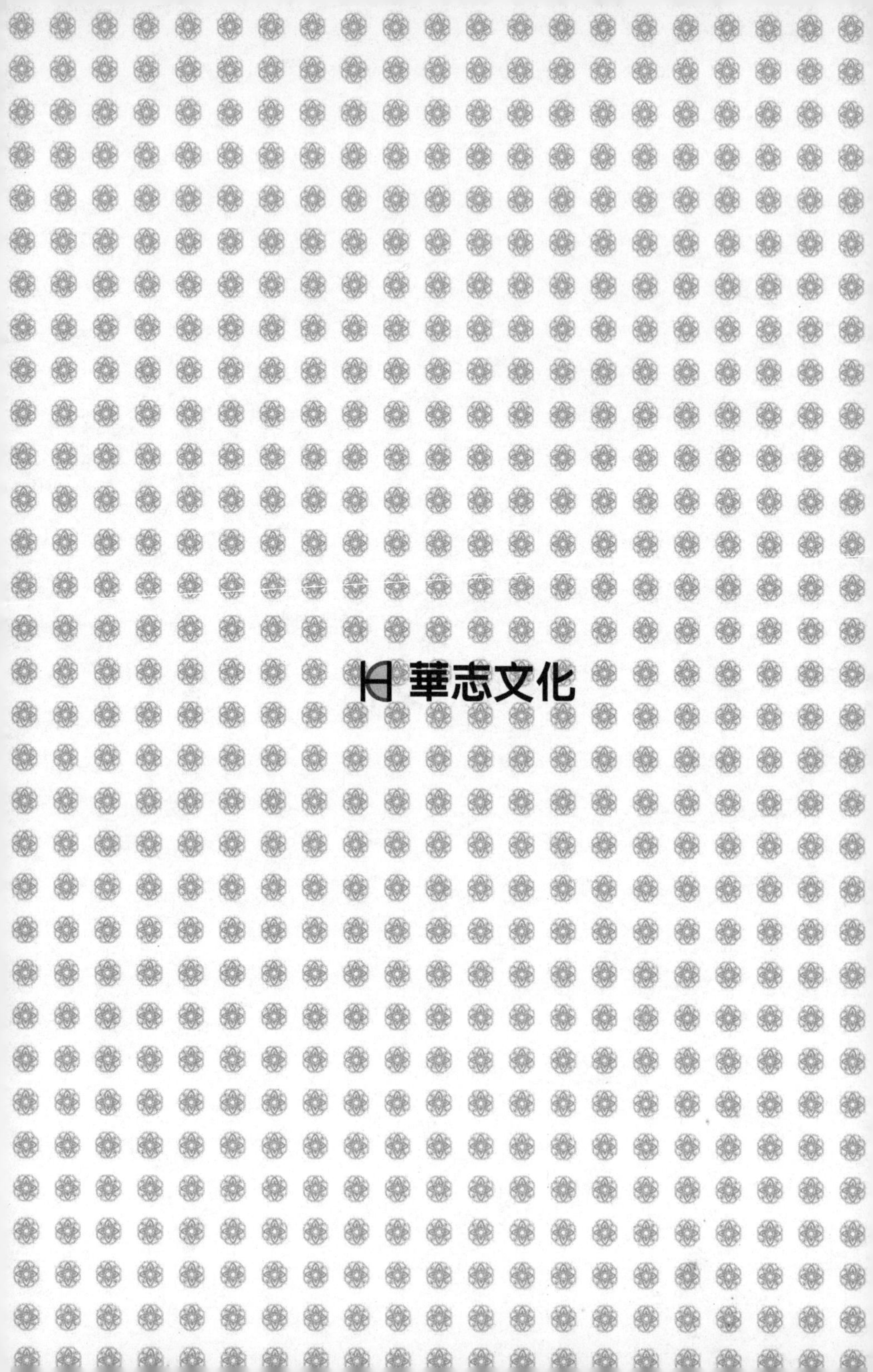
華志文化